U0053206

浪遊極品學堂

小孫老師「晞」遊記

潔西卡——著

自序

今年暑假（二〇一八），揮別二十多年的教書生涯，親愛的同事們總會關切地問「下一步的規劃呢？有藍圖嗎？」

其實，我中心的藍圖是「狠狠地放逐自己一年」，用一年的時間去做過去想做，卻苦無時間實現的「夢想」也好、「瘋狂」也好，反正就是一年；探索自己除了教書，還有什麼？還能做什麼？

七月底，開始有了寫作的想法，既然都擔任校刊主編寫了二十多年了，何不延續筆耕的志向！八月起，只要時間允許，我就是坐在筆電前「揮筆」，自認「創作」最好能一氣呵成，方能筆法一致，情節無縫銜接，因此為恐自己怠惰，每天到「芎林圖書館」報到，早上八點開館，往往我是第一個「入館」的讀者。

這是一個「小而美」的鄉鎮圖書館，座落在芎林國小旁，暑假裡經常有父母或者阿公阿媽帶著孩子來圖書館看書、寫作業，寫作之餘，經常聽到媽媽們對孩子的字字叮嚀、諄諄教誨；當然也有不少是孩子寫功課、爸媽滑手機；或者是不受控而奔跑玩耍的過動孩子，久了，我也就習慣在「嘈雜」聲中繼續「寫」下去！其間也利用時間到甫開館的新竹香山親子館當志工，看著年輕父母陪伴幼兒們遊戲，現在的孩子何等幸福啊！

每天這樣與小學生、幼兒為伍，不禁想念起我的高國中孩子們，他們也曾經是如此稚嫩可愛。台灣私校的教學現場，在少子化、教改鬆綁大勢下，急遽改變，「只怕招不到學生，不怕招不到老師」是殘酷的事實；而不斷更新的課綱、教育策略等，代表著老師不再能「一招半式闖江湖」，如果無法與時俱進，在私校比體力、比能力的競爭與高壓下，很容易江郎才盡，進而掛冠求去！

本書裡的夏山學校，二十多年來，經歷了不同世代的學生與家長，每個孩子都有他的故事；每個「有狀況」的孩子，他的成長故事必然不是順遂的；而每位師長（或校長）都有其鮮明的人格特質，他們為學生、學校、個人職涯打拼，儘管「手法」有時讓人受不了，但出發點都是良善的。

在不同的人物身上，我們看到各式家庭的縮影，見證了台灣社會、教育、家庭、孩子價值觀的改變；而學校主事者的治校理念與國家教育政策，牽動著學校的發展，私立學校在招生不易、經費有限的窘境下，仍然努力地走出自己的特色之路。

故事中的人物與情節並非有特定對象，多取自教學現場或教育界所見、所聞，無須對號入座。僅以此書的故事，獻給為孩子努力、盡力的老師們！

在此，感謝曾經為我繪製圖像的孩子們，你們年少時青澀的塗鴉作品，讓小孫老師的教書故事更加具體而意象化；而高中時期即已展露設計才華的邦豪，即使身在上海，工作繁忙，一句「老師出書，我怎能缺席」，豪邁跨海揮筆設計本書封面；還有感謝秀威公司給予「素人作家」的我出書機會，以及一路上協助我的國維（編輯部副主任）、家齊（圖文排版）、幕後編輯群與工作團隊等，你們的專業與嚴謹，讓「浪遊極品學堂：小孫老師『晞』遊記」順利平安「落地誕生」！

二〇一八年十二月二日

浪遊極品學堂：
小孫老師
「晞」遊記

目次

第三章 旭日

目次

第四章　亭午

第五章　未申

目次

第六章　落日

第七章　極光

第一章　破曉

繪者宮邦豪

作家夢

孫如晞，有著一張瓜子臉與嬌小瘦弱的身軀，但，並非林黛玉類型的弱不禁風。

有著知性與清秀的氣質。

她是個從小愛塗鴉寫作又鬼靈精怪的女孩，總夢想著成為小說家。

國中時期，不好好讀書準備當時稱之為「聯考」的升學考試，卻以「小孫」為筆名，每晚熬夜寫「連載」小說，稿件第二天就在同學間流傳，同學們每天上學第一件事就是「掛號」拜讀「小孫」的熱呼呼新作！。

所以，如晞愈寫愈起勁，成績相對地愈來愈下滑，升上國三後，從重點班跌落普通班，但是，沒關係，少一些課業壓力，可以多一些創作能量。

挾著父親是台大經濟系高材生、商界名人的光環，在長輩們的矚目下，大家一致認為如晞就是「小綠綠」了，即使大考放榜後名落孫山，長輩們仍不相信、不死心地協助查榜。

如晞，終究選了私立女中就讀，一個天主教學校，向以培育女孩氣質與教養著稱的學校，著實住校三年，與修女們朝夕相處三年，孕育了很不錯的規律生活。三年後大學聯考，她選系不選校，只填中文系，希望能繼續她的作家夢想。

多年後每次與學生提及這段狂放的「少女時代」，如晞不禁自問：「誰說只有中文系學生才能當作家？如果當年念的是外文系，那我現在就是英文老師囉？」

夢醒時分

夢想終歸是夢想！同學們捧場的小說在出版社卻吃了閉門羹，但，她從來沒有放棄「拿筆寫作」這件事。

大四快畢業，大部分的同學以當國文老師為志向或者攻讀研究所，向來反骨的如晞卻走了另類的路，投身大傳業，跑起新聞當記者。在九〇年代，沒有網路搜尋、智慧型手機的舊時代，採訪新聞、撰稿靠的是紮實的「筆力」，四年下來，還不錯，如晞喜歡。

但是，看似美好的大傳業，與眾不同的特質是「工作時間不固定」，因為是責任制，所以享有某種程度的自由。身為當時炙熱投資理財雜誌的採訪編輯，趕稿時、出刊前，經常是蹲在辦公室校對稿件。這絕非朝九晚五的上班族或者長輩們能理解的。

步入婚姻後，公婆漸有微詞，他們來自南部傳統家庭，但，如晞不能沒有收入，畢竟老公陸大榮還在讀博士班，總不好意思跟長輩伸手拿錢。婆婆多次建議如晞轉職教育界，為了「交差」，也不辜負長輩的期待，台北長大的如晞，遠征各地考試，民國八十一年八月，二十六歲的如晞正式開始「教書生涯」。

夏山高工雖然是工科職業學校，但，也算是桃園在地的資深學校，堪稱私立學校中的模範，升學率高、加上交通便利，每年招生期新生很快額滿報到。至於，為何被錄取？如晞自己也納悶，因為自己毫無教書經驗，也沒有修過教育學程（還好當時體制較寬鬆，可以容許邊教學邊修學程）。

原來，學校一直在尋覓可以負責校刊的老師；原來，當時的劉校長在口試時，就驚艷於如晞不同於其他應徵者的工作經歷，一場長達二十六年的「奇幻漂流」從此展開！

第二章 晨曦

繪者詹舒涵

蠻牛

每天早上搭中興號到桃園，趕著七點三十分早自習。已經習慣當夜貓子的如晞，為了趕車吃了不少苦頭。四點三十分放學後再趕車回台北，一上車倒頭大睡，然後搭「小黃」回家。

這樣披星載月的奔波，如晞更消瘦了！一六〇公分、四十五公斤，體重逐日遞減！

但是，「舟車勞頓」並不是唯一的勞累，面對高三的孩子，四、五十位汽修科（汽車修護科）的大男生，對她而言是更大的挑戰與難關！

這群大男孩，雖說要升學考統測，名為「升學班」，但是學習態度卻全然不是，上課睡覺、下課在廁所偷抽煙、打架、考試作弊樣樣來，與如晞意見相左時，個頭、嗓門遠遠勝過這位菜鳥老師。

學校說也奇怪，怎麼讓最「菜」的老師來帶領最「資深」的學生呢？因為，班上有好幾位「大哥」級人物，沒有老師願意接班，那……，就看看這位「初生之犢」是否怕虎囉！辦公室裡的大部分老師或是自顧不暇或是隔岸觀火，只有教官室的教官在汽三乙出包太多時，偶爾到班上吼二句，剩下的，就請這位菜鳥老師自求多福吧！

反正，做不下去，她自然會被淘汰！

台北再見

這樣的挑戰是如晞始料未及的！

她跟老公大榮說：「我想在桃園租房子，減少通車時間與體力，好好帶領這群蠻牛，可以嗎？」因為，如果過不了汽三乙這一關，教書生涯就僅此一年了，到此結束！

人家說新老師總是比較有愛心及理想！可能真的如此吧！為了學生、為能延續未來教書生涯，如晞告別家庭，與大榮成了「週末夫妻」，週間則由大榮到桃園探望老婆。

如晞此舉，公婆當然投反對票！

婆婆：「我跟爸爸還想趕快抱孫子啊！趁我們兩老還有體力，可以幫忙帶孫子，何況大榮是家族裡的驕傲，鄉下地方能有幾個博士啊？你這樣搬到桃園，我的金孫呢……？」

記者老友佩玲，如晞的姊妹淘麻吉：「你這樣一個人隻身在外打拼，孤苦無依，你的交通、飲食呢？更重要的是，老婆不在身邊，男人……」，說到這，佩玲欲言又止。

如晞：「我相信大榮啦，他不是這種人，他每天忙著做研究都來不及了，既沒有錢，也沒有閒，誰要當他的小三」，如晞很有信心的告訴佩玲。

佩玲：「這是你自己說的喔！若真出事，可別怪我沒提醒你」。

沙小嵐

收拾行囊，如晞告別從未離開的台北家鄉，落腳中原大學附近的學生公寓，然後開始學騎摩托車。當下班後不用急著趕車，如晞也開始有了「老師新朋友」。校園裡，一群年輕又新進的老師們，經常一起吃晚餐、採買，總有說不完的「菜鳥」心情，沙小嵐就是教她騎機車的同事朋友。

「如晞老師，你怎麼走路上班啊？」沙小嵐問，她正騎著五十CC的DIO路過如晞身邊。

「小嵐老師早，我還沒有買機車啊，也還沒有真正騎過呢，等我先生有空再來教我！」如晞答。

「還是今天下班我教你，我們就在學校操場練習騎車，反正我每天上班都會經過你的公寓，在你還沒有『行動能力』前，我可以順道載你上下班，如何？」

「真的嗎？這樣太不好意思了！」

「不用客氣啦，反正我也是自己單身在外租房子，中原這一帶我很熟，大學住了四年，未婚夫又去當兵，下班後都有空的！」小嵐很夠意思地承諾如晞。

沙小嵐是位非常年輕又有活力的數學老師，大學畢業後就到夏山高工任教，二十四歲，比如晞早一年入行。因為與未婚夫小武是數學系上的班對，小武當兵之前就怕「兵變」，乾脆先訂婚，預約女朋友未來終身。

這位來自水里的小嵐，總自稱是鄉下小孩，父親是榮民，夏山高工辦公室裡，無論資深或菜鳥老師都認為小嵐就是「阿信」的化身，這個「阿信」指的是日劇中那位吃苦耐勞又絕對獨立的女主角，而非五月天的阿信。至於為何稱她為阿信呢？因為她真的很勤勞、善良。例如在工業類科學校，數學是非常重要的科目，沙小嵐就經常下班後義務幫學生補救數學。因此辦公室在四點三十分學生放學後，總有一大群機工科、汽修科男生圍在沙小嵐身邊問數學。

為了等沙小嵐的順風車，如晞索性也留在學校備課做講義或者修改學生文章編製校刊。等忙完數學解題後，在小嵐及一群高二、三大男孩的指導下，如晞學會了騎車，也買了一部看起來真的很古早味的中古機車。

二位年輕老師經常是最後下班鎖門的人，夏山的警衛大叔也習慣了她們的「加班教學」。

她倆有時也跟著學校的足球校隊一起跑跑操場練體力，夏山的校園生活，純樸自然又有人情味，許多孩子是騎腳踏車上學的，也因為家裡務農或者種菜，孩子們經常會帶一些青菜、白斬雞來學校幫老師們加菜。這樣的純樸生活重擊如晞的認知，帶給她很大的震撼。

套裝vs球鞋

如晞因為是記者出身，過往接觸的受訪者，大多擁有不錯的社經地位，或博學、或多金、或奸巧，可以從受訪者的談話中，學習很多新知或者說話技巧，但是，人跟人之間的相處與信任感是薄弱的。

以前每天面對的是穿西裝打領帶、穿套裝高跟鞋的白領、粉領族群，而現在的自己，已經很少穿套裝了，畢竟這樣的裝扮在校園裡顯得很格格不入。

對照現在的生活，如晞很認真的思索自己未來的職涯，還要回到台北嗎？回到大傳媒體界工作嗎？還是留在此地繼續教書呢？學生與家長的回饋相對記者而言，是截然不同的，當然也無法相提並論。

這一年來到夏山教書，原本只是為了向婆婆交差，有聽從長輩的建議，如今回首，忽然頓悟「聽老人言才不吃虧」的意涵，大學同學們何以早在畢業當年就投身教職，原來……，教書，真的有一股魔力！

想繼續教書，當作終身志業，就得先修業教育學程！

但是，台北的家庭呢？大榮呢？還要繼續當週末夫妻嗎？每週回台北，總忙著探望娘家父母、還有經常來台北探望孫女（大榮哥哥的女兒）的公婆，以及很累人的家務整理。大榮畢竟在忙著實驗與博士論文，一個很會讀書卻不太會做家事的書呆子、傻楞子！

也正因如此，如晞對大榮總是放心的！

何況，一個尚未有正式工作與收入的窮小子，哪個女生要跟著他？

每回週末回到台北，大榮總是又親又抱的，既會撒嬌求歡，對於公婆抱孫子的期待，也會幫如晞緩頰，「阿母，我們都還年輕，不趁現在先打拼存錢，日後怎麼養孩子？」這讓如晞感到隻身在外打拼的辛苦是值得的！

平心而論，當時夏山高工老師的待遇是比照公立學校的，再加上超鐘點，零零總總加起來，還高於過去的收入不少，寒暑假輔導課另有輔導費的收入，這也是小夫妻決定繼續分隔兩地的考量之一。

但是，話說回來，有好多個晚上，如晞因為等不到大榮的電話而外出打公共電話回家，家裡電話直至十點過後都沒有人接聽。那段還沒有網路、智慧手機、臉書、賴的歲月，找人與等待真的很煎熬揪心！

教授夫人

夫妻倆各自在二地努力，大榮終於通過口試拿到博士學位了！那麼，下一步呢？

人家說「天公疼憨人」，大概就是像大榮這樣的人吧！

大榮到好幾所大專院校參加甄選，真的很幸運，當然也是他夠優秀吧！暑假過後，他就是私立四季大學的副教授了（當時體制真的較今日寬鬆多了，也無須歷經助理教授階段）。

這下子，大榮屏東高樹的爸媽更是到處燒香答謝神明的眷顧，而如晞，也因此多了「教授夫人」、「師母」的稱謂。

既然是副教授，往後也須要開車上班教書，買車，是第一件要完成的事。

錢，在哪裡？錢在如晞的存摺裡！

如晞：「大榮，我們要不要買二部車啊？那麼我們可以各自開車上班，就無須再分隔二地了？」

大榮：「你錢夠嗎？」

「不夠的部分可以貸款啊，我可以利用暑假學開車考駕照！」想到可以搬回台北，如晞開心不已！

「台北停車很難啊，我們現在住的舊公寓還是你爸媽贊助我們的，也沒有停車位，如果一口氣要租二個車位，太燒錢了」，大榮似乎一點喜悅的情緒都沒有。

「大偉現在也來台北工作，正跟阿母吵著要錢買車，如果你的錢夠，就先借他買車，日後再還你……，我們先買一部車就好！」大偉是大榮的弟弟，剛退伍，也來台北謀職。

如晞簡直不敢相信自己的耳朵，一直以為等大榮畢業、找到工作，家裡有二份薪水，她就能搬回台北團圓，然後計畫懷孕當媽媽！但，大榮的規劃似乎與她不同調。

「你想想，我爸媽年紀大了，體力逐漸衰老，收入也不穩定，大偉再這樣天天跟他們要錢買車，阿母就會去標會給他，這樣好嗎？何況你若住在桃園，上下班方便，把時間跟體力省下來，好好經營你的班級與校刊，你的那部中古機車不是挺會跑的嗎？」

「為什麼我辛苦掙的錢，不能自己享有，還要供給別人買新車載女友撩妹，而我卻是隻身在外騎車奔波？大偉就是這樣一個浮誇又虛榮的社會新鮮人，何以你們不去訓示他？」

「不准你批評我的家人！你嫁到我家，就是資源共享，大偉的事就是我的事，我的父母已經栽培我至今，我不希望大偉的事讓他們憂心，就這樣決定了！你是嫂嫂，照顧小叔也是天經地義的，除非你無血無肉，無心無肝……」，話說完後，大榮甩頭出門。

這是第一次夫妻二人如此大的衝突，如晞崩潰了！

人，是不是只能「共患難」，卻難以「共享樂」；「血」真的濃於「水」；可以理解大榮孝順的心，但，無法體諒何以犧牲她的辛勞與感受而滿足大偉的虛榮，不懂，真的不懂！

該怎麼辦？讓步妥協嗎？喚得回平靜恩愛的生活嗎？

不妥協又如何？她瞭解大榮的脾氣，朋友、鄉親們口中的「孝子」、「才子」，形象怎能容許她破滅？

如晞回娘家找父母哭訴，這其實也不是孝順的行為，因為擔憂只會從屏東的大榮家移轉給台北的如晞父母。

孫爸也是個孝子，雖然父母已不在！孫媽就是心疼自己女兒！婚前，為了讓如晞能擁有自己生活與空間，兩老特別將地處大直黃金地段、租金優渥的舊公寓收回，重新裝潢布置，好安頓女兒女婿的生活，女婿想到美國做短期進修，孫家父母也贊助買單，反觀大榮家做了什麼？

大榮的爸爸早在房子裝潢時，便說「要留房間給我住」，待完工後，新人都還沒有結婚正式搬遷入住，大榮爸爸已經急忙住進新房，宣示「主權」了！一切，只有讓孫家父母搖頭感嘆！但，日子還是要過下去！

誰是老大？

如晞收拾週末假日的難堪，週一還是得打起精神與那群讓她又愛又恨的汽修科男孩搏鬥。

已經好幾位任課老師跟如晞反映，班上「大哥」很多，講話、睡覺、發呆，既干擾上課秩序，又常被巡堂教官登記扣分。如晞決定重新安排座位，乾脆讓想聽課的同學集中坐在前面座位，其他的人……，就隨緣看個人造化了！

早自習，座位表一公布，崩盤隨即而來！

上週才因騎機車被記大過的溫大頭首先發難：「為什麼我要坐後面，黑板我看不清楚，我不換！」

昨天才因抽煙被K大過的班長阿友也跟進：「沒事換什麼座位？孫老師，你這樣只會讓同學造反，嗆死你……！」

「不行，就是要換座位，這是為大家好！讓想聽課的人好好聽課！」如晞堅定的說，其實她心裡一點把握也沒有。

溫大頭再次發嗆：「孫老師你憑什麼認為我沒有在聽課？你這樣貼學生標籤對嗎？我叫我媽打電話給主任喔！」

「汽三乙，我是老大，我說了算！」如晞勇敢堅定的回答。

學生就這樣靠北了一個早自習，回到辦公室後如晞難忍委屈偷偷拭淚！

被眼尖的主任教官發現！

「如晞老師怎麼了？是不是那群兔崽子又在搞怪？」

如晞拿出被撕破的座位表說不出話來，要說什麼？而教官已經拿著座位表直接衝到教室了！

十分鐘後，教官輕鬆地回來了！

「如晞老師你可以入班上課了，都搞定了」！

「天啊！原來『菜鳥』跟『老鳥』如此天壤之別，我何時才會有這等『功力』？」如晞心中自問！

「但願，有一天我也能做到，孫如晞加油！」

如晞對台北的家，不再抱期望，大榮不再打電話問安，如晞也不想再打電話追蹤大榮去向，現在，走一步算一步！

這一年，她才二十七歲，對於一家「三口」和樂融融的憧憬，似乎只能在夢中了！

隻身在外工作，讓她不得不堅強！咬著牙撐過重重難關！

夏山校刊

與其煩惱大榮、大偉，不如多花點精神在工作上！

除了教書、帶班外，如晞在夏山的重要任務就是完成校刊「夏山青年」，有報紙類的月刊、雜誌類的畢業年刊。這是當初甄選時，劉校長對她的期許，怎能辜負他！

帶著一群校刊社的「文青」，這是學校給她的唯一資源與幫手。

這一年來，如晞從未午休過，午休時間都待在校刊室，課餘時間幾乎埋沒在文字文章之中，白天做不完的，下班後抱回家繼續做！

想徹底改革夏山青年的風格，認為校刊應該跳脫學校「傳聲筒」框架，走向更多元化！換言之，它不應該只是一份「中央日報」，而是更多元、更親民的民生報、有文學質感的聯合報或中國時報才對啊！

改革的過程是痛苦的煎熬！

首先是學校的認同，必須師生們一起動起來，一起提筆寫文章，推動校園寫作的風氣！例如，在畢業年刊中，如晞規劃的是劉校長、學務、教務主任、畢業班導師各寫一篇「致青春」的祝福給畢業生；而畢業班各有代表謝師恩、追憶「三個夏天」的感懷文章；當然，還有各班散文、小說、新詩稿件等。

企劃大綱呈報簽核，學務主任第一個打臉，導師群也叫苦連天，還好，非常有「文青」氣息的劉校長簽字通過。

「如晞老師，你要我們幫忙催收學生文章就算了，連我們老師都要寫文章，沒法度啦，我們工科老師，不是修護汽車引擎就是鉗工挫鐵，手上沾滿機油，要我們拿筆寫文章……，你就行行好，饒了我們吧！」這是工科男老師的反應，很直接也很可愛。

如晞跟大家約好時間，一起留下來加班完成，還要不停地口說好話，「孩子很在乎老師對他們的疼愛與想念，如果孩子們看到有些班級導師有寫，自己班導師又沒有寫，他們會很失望……」如晞哄著一群工科男老師拿筆寫字。

想像一下，一群工科老師下班後留下來寫作文（好像沒交作業的學生般），苦思搔頭的，如晞也陪著他們加班看稿，當有人遇到不會寫的字、當有人靈感卡關，她隨時幫忙大家。同事間的革命情感就是這樣一點一滴凝聚而來！

不過，女老師反而比較棘手！

「如晞老師，我們都是有家庭的人，下班都要趕著接小孩、張羅晚餐，我們可不像你單身在桃園，一個人飽全家飽呢！」言者無心聽者有意，聽得如晞心裡好苦澀。

說歸說，女老師們還是如期交稿了！如晞心中無限的感謝！

經過一整個學期的努力，在大家「一起寫」的氛圍下，夏山青年畢業特刊終於在六月初畢業典禮前一週出刊了！顛覆了傳統校刊的官方樣版，除校長、主任、導師、畢業生們的祝福，另涵蓋許多學生俏皮的創意，例如如晞班上的鄭阿寶週記裡寫的自戀隨筆，便被刊登在其中，收錄在「『童』話短路」單元，如晞為它下標題，名之為「美男子煩惱一籮筐」，並幫阿寶起了個筆名「潘小安」，全文如下：

清晨的路上是多麼的寧靜，微風徐徐吹來，多麼清新爽朗，穿著制服，踏著一雙破舊的皮鞋上學去。在車站，我總是眾人的焦點，氣宇非凡的眉毛、誠懇的眼睛、高挺的鼻子，組成我姣好的臉孔，不在意的經過商店櫥窗，呈現出的影像，實在連自己都會愛上他。

我家以前住在中壢某女校旁，但是該校的校長卻出錢請我搬家，因為全校的女同學上課時，不斷的向我家看，且一直在課本上寫我的名字，因而無法專心上課影響學校升學率。

住在這環境我也有很多煩惱，我家的院子每天都被丟了很多玫瑰花、巧克力、布娃娃，每天一回家開門，禮品像洪水般流出來，連我家的小狗也被一堆堆的玫瑰花刺死了！我只好搬到內壢，每天偷偷摸摸的上下學，以免又要搬家，唉！當美男子還真苦啊！

畢業典禮時，劉校長致詞中，竟然語出驚人點名：「我想請畢業生潘小安上台來，校長很想認識你，也想一睹你『傾國傾城』的美姿」！劉校長的這段神來一筆，阿寶轟動全校，如晞的校刊受到高度的肯定。

一年的辛勞，一切的苦楚似乎都有了歸屬！

當年度劉校長直接在期末校務會議宣布頒發六萬元獎金給如晞！

小牛仔畢業快樂！

再回頭看看那群汽三乙的牛仔們，這樣跟老師愛恨糾纏一年！

溫大頭自從上次嗆了如晞之後，又因打架、騎車，接連記了二支大過，合計三大過，學校準備簽「留校察看」甚至退學，如晞身為導師，還是懇求學校再給孩子機會！畢業後，溫大頭考上警察學校，如今可是位波力士大人！日後的同學會上，溫大頭就說「我媽媽說，孫老師是你的剋星，你最好安份一點，免得畢不了業」！

鄭阿寶考上虎尾技術學院（現已升格為科大），但他的第一志願是台科大，他決定重考。為此，如晞還騎著她的破機車做家庭訪問。與鄭爸、鄭媽寒暄並提醒家長，不要給阿寶太大壓力，或許應該說是他自己給自己壓力……。第二天上學，阿寶跟如晞說：「老師你看起來太年輕了，我爸居然問我媽，夏山汽修科有女生喔？何時開始招收女生的？」

江晃，來自單親家庭的孩子，就靠媽媽在市場賣菜，畢業旅行還因為交不出三千六百元旅費而失落哭泣，還是如晞先幫他墊錢的，其實也不奢望孩子還錢，只是希望江晃沒有遺憾！

班長阿友，就是個不愛讀書的浪子，畢業後先在餐廳打工當跑堂及二廚，同學們一同到他的海產攤捧場，只見他有模有樣的大火炒菜，還交了個護校的女友，這世上果真是「一物剋一物」，在女友面前，阿友乖得跟小綿羊一樣。

還有幾位念軍校，像是方糖、叮噹等當了飛行官氣宇軒昂，一身的好體魄，就是韓劇「太陽的後裔」裡那種俊俏的軍人歐巴！

回憶當年如晞過生日，孩子們找老師去KTV唱歌，身穿黑衣的牛仔們一字排開，人高馬大黝黑粗獷的，著實讓店家很緊張，加上沒有包廂，阿友才板著臉瞪了經理一眼，很快地，有包廂了！店員無法理解怎麼會有一個嬌小的女生在其中，而且黑衣人是幫她慶生的！

不解、不解、不解！

只有如晞心裡明白，菜鳥老師勇敢向前行，孩子會懂的！

第三章 旭日

繪者詹舒涵

後母績效

如晞在夏山高工第二年！機二乙班導。

學校裡有位老師考上公立學校，她被安排接任高二班導師，再一次當「後母」，這回是機工科，一樣全班男生，學生和她算是「同梯」（同一年進夏山），但絕非溫馴之徒，因為先前的好好導師只看成績，不看紀律，還好原本就是他們國文老師，不至於陌生。

不過，換一個位置換一個腦袋！

當角色從任課老師轉換成導師時，對孩子們的要求與期許自然有別，從服儀、打掃、出勤、態度、各科成績等。

孩子出現了不太適應的「不舒服」感，畢竟男老師與女老師的帶班風格截然不同，物理老師與國文老師思考邏輯當然不一樣！

還有一個更惱人的問題，分班。

依據成績，將二個班分流為菁英班、升學班。

甲班導師是資深又有效率的數學老師，對工科學生而言，數學是僅次於專業科目的重要拿分科目（工科數學比普科數學簡易很多），長官們也一致認為「導師是數學老師，學生數學一定強」；反觀國文，對工科學生來說，咬文嚼字的，與其背一大堆形音義，不如把時間拿來算數學，這就是學生的「投資成本」概念，也是學習上的「偏食」習慣。

雖然這件事一年後再煩惱也不遲（升高三後），但是，苦心經營一年的班級，勢必重新洗牌，重新磨合……。不論甲班或乙班的孩子，未來都會再次整合，都可能成為自己班上學生，所以，她與甲班的高美美老師有共識地一同關心甲乙二班的學生。

此外，美美老師多次跟如晞強調「自己有家庭要照顧、小孩要接送，會建議學校讓『平日單身』的如晞擔任菁英班導師」。

不管結論為何，對如晞而言，還是先好好經營眼前的孩子們。

一年後，答案揭曉，不意外，還是高美美老師帶菁英甲班；如晞帶升學乙班。

「機工科是夏山的招牌，亮眼的升學成績是招生最好的利器，我們須要有經驗的老師陪伴孩子最後一年，也是最重要的一年，如晞老師你還年輕，我們都知道你很認真用心，也才華洋溢，夏山的校刊因為你而截然不同，你會有機會的，下一屆安排你帶菁英班」。以上是教務主任羅才子給如晞的期許。

在過去能力分班的時代，夏山學校的作法一點都不奇怪，菁英班、升學班、就業班的分流模式，學生、家長都不會有太大的異議；何況，會選擇念職業學校的孩子，原本就是計畫畢業後直接就業，只不過夏山是當時較注重升學的學校，升學成績向來維持在桃園區高職的前段，這是劉校長、主任們頗自豪的。

夏山文青

對於機二這個後母班，正因為這屆學生與如晞同梯，一起從「新人」走過，互相看著對方成長，革命情感更為濃烈。

第一學期的課堂上，菜鳥如晞毫無教書經驗，所以經常是「照本宣科」，課程上得特別快，然後就是分享過去記者生涯的甘苦點滴，這些反而比課本裡的東西更吸引孩子的目光，談新聞編輯、海外採訪、廣告發行、印刷排版、甚至電影評論等，孩子們都聽得津津有味。

其中一位學生聽得特別專心，甚至課後還會跟如晞討論電影觀後感，他是林佳奇。

濃密的黑髮、白晰皮膚、瘦小的身材，看上去就是斯文的讀書人，與其他黝黑、人高馬大的機工科學生格調大不同。

談多了，如晞鼓勵佳奇參加校刊社，將這些見解寫下來投稿校刊，磨練文筆與剖析事物能力，又可申請稿費，佳奇是如晞第一位招收到的校刊社新社員，也是社團裡目前唯一的機工科學生（其他幾乎是資訊科、電子科），而他對人事物的細膩情感，也促使他日後一肩擔起每年辦理甲乙二班同學會的重責大任，如今已經延續二十年之久。

再回頭看夏山校刊社，大家簡稱為夏青社。

這個社團由訓育組創立，當年正巧有一位高三汽修科學生楊志偉同學對於校刊非常執著熱血，第一年就由他獨撐大局，為夏山青年打下簡單基礎，然而堪憂的是，高三的他即將畢業了！

因此，訓育組急於尋找一位能帶領校刊的老師，當國文老師開缺時，校方即鎖定具編輯專業背景的老師優先考慮。因此，如晞在完全沒有教學經驗下得以雀屏中選，也許就是「緣分」吧！命中注定遇見夏山！

如晞很清楚，夏青社是她存在於學校的意義與價值，怎能不好好經營！

換個角度看，雖然已經不再從事寫作工作，但若能在教職以外，延續自己寫作的興趣，揮灑另一片天空舞台，也算是另類的幸運！

雖然是記者出身，但是如晞過去僅做過採訪寫稿，對於美編、版面、印刷、成本等雖有概念，可並未真正經手過，只能邊做邊學，有時打電話回台北找老同事求救！

夏山高工在當年屬於工科職業學校，學生百分之九十五以上是男生，能夠靜下心來拿筆創作，學習撰寫校聞的孩子，真是「鳳毛麟角」！正因如此，社團經營就是一大考驗。要讓這群為數很少的夏山「文青」，不會因為辛苦而退社，而且更進一步期待他們有所成長與收穫，創造好口碑，方能讓校刊社興盛，社員源源不間斷。

如晞將原有的舊社員加上在自己任教班招募的佳奇，以及資訊科高一新生的幾個小女生進行分組。

一、採訪組：配合學校活動。活動前由指導老師帶領他們採訪主辦單位；活動間進行拍照攝影，活動後撰寫報導。

二、動員組：因為當時電腦並不普及，手寫稿完成後須送交打字行繕打。利用午休時間，動員組同學申請外出，騎單車往返打字行送稿。

三、校稿組：須要比較細心、文字能力較佳的孩子進行校對，不過，因為大家的國字能力都不算太好，往往如晞自己還要再看過一次才行。

四、美編組：喜歡繪畫塗鴉、有創意的孩子，就負責插圖及標眉的設計。其中豪哥就是才華洋溢的美編達人（他日後遠赴加拿大攻讀視傳與動畫，目前在上海從事相關的創意設計工作）。

在這種「土法煉鋼」的情況下，如晞獨自運作了三年，往往下班後回到家，夜闌人靜的夜晚，還要挑燈苦戰，看稿、修稿、下標、校稿等，每個環節都須要老師的把關與美化。

累了三年了，還好有了新血輪的加入。

如晞趁著學校招聘國文老師，請求新老師協助指導校刊，既可以帶領新老師學習，另方面也是經驗的傳承。

第三年，在三位老師齊心下，「夏山青年」畢業特刊獲得桃園校刊評選優等。

校刊小情侶

刊物有了些成果與績效，而夏青社裡的故事也頗為精彩熱鬧！

如晞的願望逐漸落實成真，社員招募熱起來了！她導師班裡好幾個大男生主動報名參加！

但是，如晞很清楚「醉翁之意不在酒」，這群大辣辣的機工科男生會選擇加入校刊社，主要是因為如晞招募到高一資訊科的幾位小女生！

雖然如晞有注意到男生們的動機，無奈實在太忙了，既要忙月刊、年刊、還有班級要帶，無暇再管理小男生、小女生這些剛萌芽的小小情愫。

直到……

資一甲導師找上她！

「如晞老師，你也是我們班的國文老師，難道你沒有發現小芸脖子上種滿了『草莓』嗎？」

是的，如晞有發現！

她有注意到班上幾個男生參加校刊社的異常現象；每逢午休她要先到班上看班時，幾個小女生會問：「老師，我們可以將稿件帶回班上看嗎？」幾次從班級回來校刊辦公室，往往只剩下小芸跟班上的風紀股長正棋。

也許是如晞回來辦公室的時間非常固定，至少她從未撞見「異狀」。

小芸的父母親自來到學校抗議了！

希望暫時讓女兒在家自學，主要目的是「禁止來往、禁止見面、禁止到校、禁止到校刊社」。反正男生已經高三了，再幾個月就畢業了！

這個白嫩的女孩哭得像淚兒人般！

正棋呢？他是個留級生（高一因成績未過而重讀），身上已經三支大過了，光這些紀錄就讓小芸的父母非常受不了！這支大過再記下去，也不用畢業了！

正棋家裡做什麼？有些複雜、有些神秘，孩子也說不出所以然。

教官介入處理懲處的部分，輔導室介入安撫家長與孩子！

首先，校刊室門窗玻璃，由過去的毛玻璃更換為透明玻璃。

其次，在輔導室新任的輔導組長唐穎老師居中協調下，終於平息家長怒火！

第三，二個孩子都暫時退出校刊社，不可再進出社團辦公室。

第四，感謝學務處可為主任的力挺，為社團指導老師全力護航。

整個事件平安落幕！

如晞非常感謝可為主任的協助，在家長、校長面前為她緩頰，給了不少肯定、讚美與體諒！

另外，她也因此結交了另一位僅次於沙小嵐的知心好友，輔導組長唐穎。那段非常時期，為了二個闖禍的孩子，如晞與唐穎組長幾乎天天晤談，也覺得這位組長的輔導與溝通能力超極強大，能讓小芸家長息怒而退；能讓正棋未再背負另一支大過，順利畢業；能讓如晞免除家長、校方的責難，全身而退，如晞打從心裡佩服這位唐穎組長。

暫時平息的風波，並沒有打倒這對校刊小情侶，升上四技後，二人擁有更多的自由，他倆是班上最先成婚的一對，小芸在幼稚園擔任幼教老師，正棋則協助媽媽開了便當店，當了連鎖便當店的店長，有時外務員忙不過來，也幫忙外送便當。

每年佳奇召開同學會時，大家總不忘消遣他們：「老夫老妻了，現在還種草莓嗎？來，讓我們檢視一下，小芸啊，當年追你的人不少啊，會不會後悔？」總讓當事人臉紅尷尬！

所幸，家庭美滿，師長、家長也為他們感到高興與祝福。

較勁

學生之間有成績的競爭；老師之間也有班級績效的競爭；而主任長官之間也有爭「一哥」的心理戰。

夏山學校是個三十個班級的小型私立學校，麻雀雖小五臟俱全，地處交通便利的都會區，背後又有董事會「夏山集團」的支持，平常不會過問校務，交由學校自治。

很有彈性的自由，讓各處室主任、組長有足夠的空間發揮理想與創意，而由董事會派任的劉校長，也是董事會一員，沒有任何教育背景，他大部分時間都在關係企業，無法時時駐守校內處理校務，依照規矩，教務主任是劉校長第一順位職務代理人，當劉校長不在校時，協助批閱公文與處理學校大小事，所以夏山的教務主任還有另一個身份，就是「副校長」。

不過，當時最常圍繞劉校長身邊報告大小事的，其實是學務主任張可為，年輕、熱情、有衝勁，對於導師們也很照顧，對照溫文儒雅的教務主任羅才子，顯然搶盡了風采。例如可為主任深知要拉攏老師們的心，鞏固自己的群眾基礎，所以，他會跟董事會建議，讓學校增辦幼稚園、托兒所等，讓老師們上班無後顧之憂；經常辦理教師組校外活動，尤其寒暑假期間辦理國外旅遊，學校每位老師補助一萬元等，非常多的「利人利己」策略，讓他在夏山擁有高人氣。

劉校長也是業界中人，特別欣賞這樣熱情又有創意的年輕人，才三十出頭，就已歷經科主任、學務主任的行政資歷，目前還在師大修研「教育行政」，他的積極度與旺盛的企圖心，讓劉校長不止一次向董事會提報張可為，有意栽培他成為接班人。

那麼，「羅副校長」呢？

相形之下似乎黯淡多了，溫文儒雅的羅主任依然很認真執著地做他分內應該做的事。二位主任間的互動呢？就像選舉候選人一般，表面上禮貌握手，其實是鴨水划水暗自較勁。

如晞因為老是帶後母班、普通班，學生總有層出不窮的狀況，加上校刊社編務及上回的小情侶事件，所以與學務主任常有接觸，這位年輕學務主任常說「如晞老師不好意思，總是給你帶後母班，下次一定給你一個高一新生班，會好帶很多，你很優秀，我們都知道……」。

這種話出現多次後，如晞也沒感覺了，漂亮的客套話往往只是海市蜃樓，看得到，得不到！

不過有件事倒是讓如晞不知如何解釋！

某個週一天早上，如晞因為大榮直接從台北開車送她到學校，來得特別早。早上七點不到，辦公室應該是沒有人的，燈是暗的、門卻沒有鎖，推門進去映入眼簾的是張可為主任跟坐在如晞隔壁的丙班就業班導師吳聖惠老師，兩人親密耳語，感覺有些微妙的情愫，好尷尬，如晞小聲自言自語：「不好意思……」，趕忙向後轉身奪門而出！

如晞覺得自己像個冒失鬼！

如晞不禁自問「他二人都是已婚身份……，不是嗎？還是自己太古板？少見多怪？應該只是一般同事聊天吧！」

這位吳聖惠老師跟如晞一樣也是夏山第二年，也是國文老師，不同的是她在台北其他學校已經有多年教書經驗，因為下嫁到桃園，才來到夏山教書。

吳聖惠老師長髮披肩，撩髮甩頭時特別美麗。

如晞很懊惱今天的提早到校。怎麼辦？假裝若無其事？會不會被「殺人滅口」？明年就沒有聘書了？

太多的問號瞬間閃過腦海，分針、秒針不會因此而停止轉動，七點五分後，漸漸地老師、學生來了，教官也來了，準備到校門口導護值勤！

「如晞老師早，你今天這麼早就上班囉？幹嘛，跟我們老人家一樣睡不著啊？」

教官的問候，讓如晞啼笑皆非，此時，卻感覺他特別可愛！

還是得硬著頭皮進辦公室吧！

討厭的是，那位女主角就坐在隔壁！唉！

如晞回到座位放好東西，吳聖惠正在梳理那頭美麗的長髮，若無其事地說「如晞老師早，我正在煮咖啡呢，你要不要也來一杯？」

此時，可為主任早就去校門口導護了，如晞無可選擇，只能順著吳聖惠的「戲」演下去了！

什麼都不用說、不要問，一切若無其事！

潛規則

放學後，忙完學生課後輔導，如晞拉著小嵐一起吃晚餐，一吐早上的尷尬鳥氣。

「我覺得你這樣處理很好，也是最安全的。」沙小嵐說。

「我會不會因為是『目擊證人』而被『殺人滅口』啊？」

「別自己嚇自己了，我想他們應該也會擔心你未來可能怎麼做，你持續若無其事的態度，時間久了，他們心情應該就會放鬆下來」。

「也許，也不是只有我撞見過！」如晞還是質疑地說。

「那你就更應該保持緘默囉，如果別人都是如此！再說，如果這件事讓羅主任知道的話，你覺得會怎麼樣？有圖有真相，你有圖嗎？你如何證明早上的事都是真實的，而不是你造謠捏造的呢？有誰能聲援你？倒楣的話，還被反咬一口，你這樣一個小小老師，小蝦米如何對抗大鯨魚？還是省省吧！過好自己的生活才是最重要的」。小嵐很認真的提醒如晞。

小嵐近日也有些懊惱，因為他的未婚夫打算簽四年半的自願役，主要也是考慮到津貼，來自單親的未婚夫，家裡還有一個念大學的弟弟，生活所須全仰賴

「婆婆」的中式傳統早餐店，感覺媽媽已經勞累大半輩子了，希望能減輕媽媽的生活壓力。

小嵐雖能理解未婚夫的難處，但是，「望君早歸」的心情，必須從二年延長至四年半，真的讓人頗不踏實。

「是不是男生都很顧家孝順？」如晞想到大榮的種種，不禁和小嵐談起自己的問題。

上次為了是否要借錢給大偉買車而爭吵，最後如晞還是屈服了，她是為了婚姻的和平與長久。

大偉很開心拉了生平第一部車！Toyota Corolla純紅車款，非常高調刺眼。

「小嵐，你覺得如果錢可以解決的事，是不是就交錢解決呢？」

「我也不知道，不過，就怕『貪』，得逞了一次，會不會再有下一次？救急不救窮啊，就怕貪得無厭，我們都是腳踏實地工作賺錢，能有多少收入，就做多少計畫，但是，不是每個人都跟我們想法一樣」。憨厚的「阿信小嵐」很認真的回答。

此時，如晞腦海忽然閃過大榮的車上。

不止一次了！

因為大榮哥哥去年添了女兒，公婆便北上幫忙照顧孫子，所以週六假日他們常會到哥哥家吃飯，長輩愛熱鬧，再者大偉也住哥哥家。每逢放假日就像闔家團圓般，非常溫馨。

副駕駛座跟地板上，如晞有幾次發現女生的長髮；還有一次，因為要放東西在後座，還發現了一支掉落的耳環……，大榮怎麼了？

難道就像她在辦公室看到的主任、老師親密耳語般的情節，好戲也在上演嗎？已婚、未婚的身份似乎已經不重要了！

「大榮可以解釋一下這支耳環是怎麼回事嗎？」如晞實在很難再說服自己相信丈夫，口氣有點激動。

「你何必大驚小怪的，只不過是順道載學生下課而已啊！」

「為什麼要載學生？男老師、女學生，你不怕有事嗎？不怕惹人非議嗎？你現在是副教授，也算是個新人，不容許有任何人品上的『瑕疵』或『污點』！」

「就跟你說是學生嘛，你真的很囉唆、很古板耶！」大榮惱羞成怒了！

幾次的爭辯，都是無解，日子還是要過下去！

高階體能訓練

又送走一屆畢業生了！

代表著如晞已經是三年資歷的老師了！也代表她與大榮當了二年半的週末夫妻，孕育下一代依然沒有消息。

學校裡老師的流動率是頻繁的，考上公校一直是私校老師努力的目標，這一年吳聖惠老師就考上國中，在夏山雖是短暫，應該也頗有回憶吧！

新學年度開始了，終於帶了高一新生班，機電科甲班，可為主任果然履行他對如晞的承諾（如晞暗自慶幸，還好當時自己選擇「若無其事」的態度）。

新生訓練前，如晞為即將見面的小高一規劃了許多班級活動，這還是她第一次參加新生訓練。

夏山高工新生訓練，是有名的「紮實」！

第一～二天是在學校，有基礎禮儀訓練、認識環境、個人資料填寫、趣味競賽等；第三～五天移師至校外，可能是金山活動中心、也可能是埔心牧場、或者小叮噹科學園區。

前二天的校園活動多元有趣，而後面三天則可說是「高階體能」集訓了！

每班二位直系輔導學長，帶領新生做種種的體能訓練，例如伏地挺身、交互蹲跳、跑步、團體整齊踏步等，做錯加罰二十下伏地挺身！

新生必須絕對的服從，「合理的要求是訓練；不合理的要求是磨練」，這樣的概念在過去民國八〇－九〇年代，學生與家長都能欣然接受，換做現在，可能早就被投訴了，而且學生可能禁不起「魔鬼訓練」而打退堂鼓求去！

這在台灣目前少子化、各校搶學生搶破頭的情況下，已經沒有學校敢這麼「玩」新生訓練了！除非，真的是數一數二、學生家長都趨之若鶩的公校、名校！

話說回夏山的新生訓練，十個新生班級，各班競賽，包括老師間的較勁、學生間的學業、體能、團隊紀律，從此展開，為期三年！

機一甲人物誌

新訓之後，便是開學之時！

學校為了能盡快讓新生熟悉高中生活，也期望切實掌握各班狀況，新學期第一個月，新生班導師每週定期開會，與可為主任有約，分享導師班級經營策略，若有棘手的學生也能適時提出，學務處會給予協助。

通常，導師們若有棘手問題或人物都會提報，但是，班級經營策略就百家爭嗚，各自努力了！

所謂「戲法人人會變，各有巧妙不同」，每位導師都有個人的特質與強項。例如男老師，又是專業科目老師，手上掌握的學分多，再加上少許「兇狠」的眼神與「耍酷」的動作，學生自然不寒而慄。而對於像如晞這種嬌小、肺活量又不大的女老師，就只能「搏感情」了！

雖然先天上有些弱勢，不過碰到如晞這種認真執著又有些小龜毛、小囉唆的老師，還好已經有三年的導師歷練、二次的後母體驗，她學會了挑出「對」的人擔任幹部，賞罰分明，公平公正原則，加上像大姐姐般的親民可人，對於機一甲班四十八位大男孩，還算罩得住！

經過一個月，乃至一學期的瞭解與觀察，加上電話拜訪家長後，機一甲班有四位同學格外讓人注意到！

一、趙深山：

開學第一週，深山就有三天無故缺席，回校後，如晞幾番輔導關切後，方知道原來他陪女友去「夾娃娃」了！好在，他生性開朗樂觀，如晞告誡深山「以後可以忍耐一下嗎？克制自己的熱情，不要太衝動」。深山後來擔任了二年的班長，班上還算順利平安！

二、楊建華：

這是一位斷指少年，因為小時候太過好動、好奇，右手小拇指被機器碾過，領有殘障手冊；爸爸是退役榮民，年事已高，超過七十了，聽力退化很嚴重；媽媽是專職家庭主婦；非常典型的老夫少妻配。

顯然地，建華在大陸還有年長他甚多的大哥哥、大姐姐，爸爸眼看「反攻大陸」無望，在台灣重新建立家庭，建華是他「第二人生」的唯一兒子，因此，特別寵愛。建華非常喜歡組合「飛機模型」跟樂高積木，爸爸也從不吝嗇，只要兒子喜歡的東西，幾乎都滿足他。

但是兩老自己卻非常節儉，幾次參加家懇會、班親會，或者學校活動，都是遠從龍岡搭公車、轉車、走路來到學校。如晞在他們身上看到了勤儉的父母與任性的孩子，建華非常排斥讀書、考試，放學後經常下落不明，流連撞球場、電玩場，讓兩老傷透了心。

建華想休學就業，如晞苦勸孩子多次，後來建議他轉至建教班（即產學合作專班），校園、業界每三個月更替，三年後既能拿到高中畢業文憑，亦能學習技能、熟悉職場。少了升學與考試的壓力，建華開始去工廠上班，雖然薪水不多，但他很喜歡這樣的新生活。

（PS：十多年後，如晞在百貨公司碰到建華，已是成熟穩健的大男人，請建華代為問候楊家父母。建華提及：「爸爸已經幾乎聽不見了，行動也不方便！原本有機會去新竹發展，但是離家太遠，不太放心」！）

歲月催人老，想起當年楊家父母為了任性的兒子傷透腦筋，而今孩子願意放棄可能更好的發展而守在父母身邊，也很讓人欣慰了！

三、許凌軒：

這是一位瘦瘦高高、長相斯文的孩子，字寫得工整漂亮，也寫得一手好書法，內向，話不多。會注意到他，是因為「出事」了！

某天早上，到校沒多久，凌軒表情痛苦跟如晞說：「不太舒服，肚子痛」。

「要不要去上個廁所，拉個肚子會好些？」如晞發現很多學生吃東西都是狼吞虎嚥，吃太急了，造成消化不良。

「我上過廁所了，但是沒有用，還是痛……」

「你先去保健室給校護阿姨看一下，若真不行，我再通知爸媽來接你回家看病」。

校護來電：「孫老師，孩子應該是腸胃不適，就讓他在這邊休息」。

就這樣，孩子在保健室躺了一天。

然後，第二天一早，家長怒氣沖沖殺進辦公室。

「機一甲班孫老師哪一位？」

「孫老師，我完全沒有責怪您的意思，但是你們那位校護，我非常有意見！」

「你知道凌軒怎麼了嗎？昨天他一直撐到放學回家，我帶去急診，原來是急性盲腸炎，盲腸脹得非常大，差點就在腹腔爆破，如果真不幸爆破，那今天我就不是這樣說話了……」許爸爸非常激動地說。

「許爸爸，對不起，真的非常抱歉，這是我們的疏忽……，孩子現在呢？」如晞深知，對於怒氣中的家長，「謙卑賠不是」會是最好的，當然，校護或自己難辭其咎。

許爸爸是某國中的體育老師，雖是練體育，但也同時練寫字，他親自調教三個孩子學習書法，凌軒排行第二，上有哥哥，還有一個妹妹。

眼前除了道歉，實在沒有更恰當的話了，還好，許爸爸也是老師，能夠體諒導師的辛勞，也知道如晞對孩子非常關懷與付出。下班後，如晞趕緊衝到醫院探望孩子，孩子很善良，一家人在醫院裡還是對導師心存感激。

也許是幸運吧！這樣的案例若發生在現今二十一世紀的台灣教育現場，別說是孫如晞或校護，連校長、主任、學校可能全都上報！醫療費、賠償金不說，校譽損失，他校趁勢攻擊等應付不完了！

而凌軒高中畢業後，順利進入機工科學生第一志願台灣工業技術學院（臺科大前身）、研究所，甚至出國再深造，也稱得上是「夏山之光」。

四、王建邦：

長得很帥的大男生，是中（阿美族血統的原住民）日混血兒！

可惜功課爆炸爛的，數學更是連四則運算都有問題！

如晞早自習後，經常是打電話到建邦家呼喚他起床上學。

妙的是電話永遠都是建邦接的，很明顯聽得出來是在睡夢中被電話吵醒的！「建邦，快點起床上學了！」往往到校時間已經超過八點，班上「生活榮譽競賽」成績光王建邦一個人就扣到見底了！

建邦的媽媽是來自台東的阿美族美女，與前夫育有一女（建邦的姐姐），離婚後，女兒交給娘家照顧，自己則獨自到日本打工，認識了建邦的爸爸宮村榮輔，相識相戀後有了愛的結晶，可惜好景不常，男人再次離她而去，建邦還沒出生，爸爸就不見蹤影了！

回台後，媽媽經常台東、桃園兩地跑（只聽說是從事保險工作），建邦也在奔波中逐漸長大。只要媽媽在的時候，建邦都要打理三餐照顧母親，因為夜貓子的她，經常喝得爛醉如泥。又是一個惹人心疼的故事，背負家裡或父母諸多的包袱。

如晞買了一個可愛向日葵造型的鬧鐘「借」給建邦用，並要求建邦用「一元價」跟她買鬧鐘，畢竟送「鐘」還是讓人觀感不佳，然後每天如晞起床後十分鐘打電話確認建邦是否也起床了，鬧鐘是否值勤中，這樣的努力，讓班上的紀律成績終於能「止跌回升」，甚至站上全校前三名。

但是終究留不住建邦，媽媽決定搬回台東與家人同住，讓建邦與姐姐、外公外婆團圓。高一暑假前，建邦將向日葵鬧鐘歸還給如晞。

「老師，希望鬧鐘可以幫助更多像我這樣賴床的學弟妹」，建邦帶來鬧鐘跟自己手繪的如晞素描，離別總是讓人感傷，除了保持聯絡外，就剩下祝福了！

師生一場，終須一別！

無論學生或師長，大部分而言，僅是對方生命中的過客，緣分多者三年，少者一年、一學期、甚至幾週、幾天！

有時也有例外，學生畢業後，若真的有情有心，經常回校探望老師，定期舉辦同學會等，甚至會是終身的朋友！

前面提到的林佳奇就是一例！

不僅有情有義連續辦理同學會二十年，還因為個人對電腦的興趣，業餘時間專心研究電腦軟硬體，至今單身的佳奇，經常義務幫同學、老師修護、諮詢電腦、手機等，真的是大家3C產品的守護神！不過當年頭髮濃密又瘦弱的他，如今頂上稀疏、心寬體胖，幾次回到夏山幫如晞整理筆電，都被學弟妹誤以為「師丈」，讓他常感慨：「歲月是一把殺豬刀，很公平，唯一放過的是如晞老師，怎麼數十年如一日！」

試用教師變身術

早期，對於非教育體系出身的老師，可以邊教書、邊修課（教育學程），而且可抵教學實習，年資照樣計算。

學校裡好幾位「試用教師」都在積極準備修課，有了「正式教師」資格，才可以參加公校的教師甄選。

第五年，如晞和小嵐（任教第六年）一起去修課了！只不過如晞是國文科在臺師大、小嵐數學科在政大修課。

為此，二人都去學開車，準備考駕照。

二個女生都拿到駕照了！

未婚夫四年半的志願役已結束，小嵐準備結婚、買車了！小武媽媽辛苦存了點積蓄，加上小武志願役所存，還有小嵐的出資，在龍潭買了棟透天厝，小兩口總算團聚，開創家庭生活！

而如晞呢，買車問題再度卡關，還是在大榮身上！

「家裡二部車要停哪裡？你知道台北有多麼難停車嗎？你爸媽當年為何只買房子不買停車位呢？」針對大榮這樣的批評，如晞整個腎上腺素都被激發出來！

「爸媽無條件給我們房子住，你有沒有感恩之心？我們還沒有結婚，你家爸爸就住進來了，還嫌房子小……，現在你又嫌沒有車位，為何不是你家爸媽給我們房子、車位呢？只會要求別人，自己呢？做了多少？你家弟弟要買車，我也借錢了，說好半年內還清的，現在呢？都一年半過去了？有時間表嗎？我真是看清你的自私！也為爸媽感到不值得，為了我這個女兒，他們已經忍讓太多！這一次，我不會再讓步了！個人造業個人扛，不要再牽拖別人！」

在台北停車的確是個大問題，大直這種文教區更是難上加難，平常大榮下班找停車位就要花十幾二十分鐘，運氣差一點時，可能繞了一小時都找不到，最後只能併排停車，還被拖吊過！更何況是二部車！如果要大榮晚間十點到師大接如晞下課，勢必又會碰到找不到停車位的老問題，他絕對不會願意去接送如晞的，怎麼辦？

「我原本還在想，哥哥現在大陸經商失敗，暫時當運將開計程車，每天賺的錢有一半要交給計程車行，還不如自己擁有一輛計程車，我打算這部車就送給大明開，我們可以再去買過新車。」大榮還繼續說著他的盤算。

「大榮，我知道你非常孝順，也很照顧兄弟，但是我不明白，為什麼我努力工作，存的積蓄卻不能夠花在我自己所須上面？每次你們家兄弟缺錢，需要調頭寸借錢，只要我不同意，你就會給我扣上一個『無血、無肉、不孝』的大帽子，我賺的錢，我有權利享用，對不起，我沒有那麼大愛！很抱歉」

想到大榮的改變，果真是「換一個位置，換一個腦袋」！

過去那個謙卑、孝順、對如晞百般呵護的大榮已經不復存在了！權力、財富使人腐化，短短二三年時間，大榮在系上因為身段柔軟，人際關係非常好，也許很快就要升為系主任了！他對家人也異常的包容，唯獨對如晞苛求。

這一切的改變來得太快、太迅速了，如晞來不及準備，這些改變讓她感覺很陌生！

如晞決定還是自己想辦法，決定和小嵐一起共乘。由如晞負擔高速公路回數票，先搭小嵐的車到台北和平東路匝道，如晞先下車，轉搭公車到師大，小嵐則再繼續開車到木柵政大，至於回程，如晞就必須自己到公路局北站搭中興號。

披星載月非常艱辛的一年，耗費的不僅是時間、體力、金錢，還有各科教授排山倒海而來的報告，週報告、月報告、學期間報告、期末報告等。那段沒有網路、智慧手機、賴、臉書、推特的時代，所有的成果，都得靠自己蒐集資料苦讀後，淬練出來。

每天七點三十分到校看班、上課，下午四點三十分起趕車並轉戰另一個戰場，日子很忙、很累也很充實。

一年過去，二人都拿到正式教師證，換言之，也可以開始挑戰教師甄試了！

二人開始瘋狂參加考試，如晞更嘗試雙北區學校，她最終只來到筆試通過，常在第二階段鎩羽而歸，不過，國文科是所有科目中競爭最激烈的，報考人數有時多至兩三百人，卻只錄取一到二名，難度是考大學的好幾倍。

沙小嵐的確是位優秀又敬業的數學老師，她，真的考上了！大家都為她高興，如晞在高興之餘，想到日後少了一個工作上相伴、相知的好朋友、好同事，實在很感傷！

小嵐班上的學生更是不捨！對於這樣一位認真的好老師，無論是家長或孩子，只有無盡的感謝！無條件、無收費為孩子課後補救數學，還隨時準備餅乾零食為孩子們充飢，無怨無悔不求回報！

如晞還記得小嵐的第一屆畢業生，畢業典禮上，孩子們回饋給老師的不只是鮮花，還有一部全新摩托車，因為，她當年騎的機車（尚未買車前）實在太破爛了！孩子們都懂！

而今，小嵐手上這個高二即將升上高三的班，愛她愛到心深處，像老師、像好友、有時又像女友般，陷於兩難之際，在公校報到的最後一天，小嵐居然選擇「放棄」，決定陪伴她的電二乙到畢業！

全世界的人都為她惋惜不已，她卻能處之泰然，「我答應過他們，要陪伴他們直到畢業，我們要做一輩子的朋友」！要笑她痴、笑她傻嗎？如果早就準備陪這群孩子到畢業，又何苦「南北征戰」呢？

被她帶到的孩子何其有幸，夏山高工何其有幸，有這樣的老師，犧牲自己的未來呢！

人逢喜事總成雙，小嵐要當媽媽了！

這件事沖淡了她放棄公校的些許遺憾，準備迎接小生命的到來！

終須一別

整個暑假，小嵐在懷孕媽媽的不適與喜悅中度過。

而如晞，則在台北也有了新的不速之客，實際上六月就已經來報到了。大榮的哥哥大明、嫂嫂及一對小兒女將要搬遷到如晞台北大直的家，言明是「借住一個月」。此事完全由大榮操作，如晞直到全案確定後，週末回台北才被告知，而如晞是房屋所有人（孫家已經將所有權轉換如晞名下，是不是因為更名，而讓大榮更我行我素宣示主權？）

因為哥哥大明的國小一年級女兒小涵右膝經常酸痛，就醫後診斷出兒童骨癌，必須進出榮總治療。大明一再認為是他在社子租的房子「風水不好」，家裡才會衰事連連！先是大榮媽媽肝癌，雖然經過拴塞控制病情；再是爸爸脊椎骨刺開刀，還在復健中，行動不甚方便；而大明自己也因為到大陸投資經商不利慘賠做收，眼前只能先暫時開計程車維生！

大明不要再讓孩子回到社子的家，他覺得屋子裡有「髒東西」，所以大家都不太平安，連女兒都罹癌，於是主意打到如晞的房子。他先找大榮商量，希望孩子化療療程結束出院，就直接先住如晞的房子，一家四口不分開，一起過去生活。

大明的想法很單純，「反正房子大部分時間都是空的，暫時脫離爸媽獨自生活」！換言之，原本單純靜謐的公寓，平常只有大榮一人居住，假日夫妻兩人，將會完全變了調。大明再三保證會在一個月內找到房子，「借住」只是過渡時期的權宜之計，至少要找個短期安身之處。

故事的發展對如晞而言，是如此的莫名其妙及不被尊重！

週末回到家，客廳裡小涵因為化療結束出院而與幼稚園的弟弟在沙發上嬉鬧著，冷氣大開，嫂嫂在廚房準備午餐，大明去當運將了，大榮則不知去向！

如晞知道孩子生病，先前也去榮總探望她及嫂嫂，但不知道「借住一個月」的新決定，她可以理解身為父母的大明，要保護孩子、減輕孩子的痛楚、延續孩子的生命、希望給孩子較好的居家環境。但是，生活細節開銷完全跳過沒有討論，原來是大榮自己「大器」的答應哥哥「水電瓦斯沒有多少錢啦，我們負擔就好」。

暑假天氣熱，只要是孩子出院修養，必然冷氣二十四小時開放，探病的親朋好友絡繹不絕，週末下午如晞連想睡個午覺都因為人聲嘈雜而無法入眠。一個月過去了、暑假結束了、秋去冬來半年時光已經飛逝，大明完全沒有搬遷的動靜。

如晞要大榮提醒哥哥，已經逾期很久了！

「你以為找房子那麼容易嗎？你就不能共體時艱嗎？你就是自私、無血肉的人，我開不了口，要說你自己去說！」大榮惱羞成怒。

而現在如晞也不會再像過去忍讓他了，因為大榮會得寸進尺，而且只會當「好人」，當初說好一個月，他自己承攬下來的「好事」，弄得如今進退兩難，然後撒手不管。

深呼吸一口氣，如晞勇敢說出迴盪在心靈底層已久的聲音：「我想，我們已經無法再走下去了！我們到此為止吧！」如晞在十一月提出「分手」。

「我想擁有一個完整的家，有孩子！」大榮楞了幾秒後，有些答非所問。

如晞原本以為大榮會有懊悔或者挽回的好話，而他這樣的回答讓人很難接受，或者大榮也早有盤算？早已模擬過？甚至早有人選？

「請你及哥哥一家人盡快找房子吧！我們盡快辦好離婚手續！」

「搬家要錢，我租房子要錢，我要拿回當年買中壢房子的錢！」

「拿到錢，我們才搬！」沒想到，大榮居然還有驚人之語！如晞感覺他是早有預謀，就等著如晞開口。

如晞在夏山教書一學期後即在桃園租房子，後來經過同事介紹，一年後在中壢買了個二手的公寓，位於五樓，沒有電梯、車位，所以價格合理，不到三百萬。當時認為與其租學生套房還是沒有客廳、廚房，無法自己開伙，適逢機會，擁有自己的公寓就能享有溫馨「家」的感覺。於是，如晞與大榮各自分擔一半，房價加裝修花了約三百三十萬。

現在，既然二人要分手了，夫妻財產盤算清楚，大榮開口要一百六十五萬，就是他當初出資的數字，然後他與哥哥一家四口一起走人！男人的自私與貪婪，如晞盡收眼底，不再悲傷而是無止境的遺憾！怪自己沒有眼光所託非人，也連累了父母跟著擔心難過。

這次，她要捍衛自己的權利，因為，愛心與同情心只是一再地被消費，孫家父母的愛亦然被大榮消費殆盡。

勇闖百萬大關

當二人間已經沒有「愛」，剩下的只有「算計」時，真的無法再走下去！

如晞知道，自己在陸家南部親友間必然背負了無血無淚、見死不救的惡名，這一次，她絕不再退讓，但是一百六十五萬在哪裡？當初為了在桃園安置一個「家」，錢都丟下去了，手邊的存款一百有餘，一六五不足！

這一次，孫媽媽也很堅定了，「我跟爸爸先借你錢，先結束這段婚姻，錢，再賺就有，日後有錢再還我們」！當全世界都棄你而去的時候，只有父母對你的愛是不求回報、不離不棄！

沒有時間悲傷，如晞快刀斬斷七年婚姻，大榮兄弟這次如約定遷出，如晞決定將大直公寓出租，每月多了房租收入，更重要的是，何苦獨自面對有太多回憶的「家」。

大直是個文教區，有幾所明星高中、國中、國小，許多家長搶著遷戶籍到此，以便讓孩子進入當地的學校就讀。當包租婆第一年，如晞每個月多了兩萬元的租金收入。另外，新學年度，夏山高工為了拼升學，也開始了「輔導課」策略，課程延續至第十二堂課，升學科目的老師們課量暴增，但是辛苦是有代價的，每個月可以多一萬五到兩萬的收入，課多錢就多，若再加上原本的薪水，如晞的月收入已經突破六位數字，年收入擠身「百萬」之列，雖然並非大富大貴，然而對小資女的她而言意義非凡，其中最感恩的是父母。
一年過去，虧欠爸媽的六十五萬，很快就還清了！存摺裡則空空如也！
「青山」尚在，不怕沒有「柴」燒！
「從現在起，我要為自己而活，所有的收入無須再擔心有人算計，我可以做自己的主人！」如晞跟抱著女兒的小嵐訴說著這一年的甘苦。
「你對於自己，未來有什麼打算呢？」小嵐問。
「大直捷運還在興建中，有朝一日通車了，也許房價會更上揚，有機會也可以賣房子再轉投資，或者有好房客，繼續租賃也無妨，生命自然會有它的出口，順其自然就好」。如晞對於財產管理開始有了初步的規劃，感謝爸媽贈與她的這棟小公寓，「第二人生」會從它開始起跑！
小嵐頻頻點頭，懷中的小嘟嘟哭鬧著肚子餓了，但小嵐還是不放心地問：
「你就打算這樣單身下去嗎？你才幾歲？」
「遇人不淑的下場你都看到了，會令人卻步，如果是這樣的結局，不如不要。未來的緣分，就交給老天安排吧！」

小三訊息

當然，並不是所有的事都很順遂，如晞還記得離婚後，大概一個月不到的光景，某個週末傍晚，電話響起……

「請問是孫老師嗎？」

「是的，我是，請問您是哪位？」如晞腦子裡一直猜想著這個陌生聲音是哪位家長。

「我姓沈，你叫我沈媽媽好了！我就有話直說了！你是不是最近剛離婚？你的前夫是陸大榮教授嗎？」這位沈媽媽顯然不是家長，那是誰呢？怎會知道她的私事。

「我知道這樣問話非常冒昧，因為我的女兒也在四季大學教書，我栽培她一路國外深造，好不容易學成回台任教，雖然她已經三十二歲了，對了，我的女兒和你同年齡，但是我覺得她的人生才剛要開始，我可以知道你和大榮教授為何離婚嗎？」

這個沈媽媽不僅說話直接了當，顯然她已經將如晞打聽很清楚，年齡、工作、家裡電話等，全部掌握住。

「沈媽媽不好意思，我與你素昧平生，我不清楚你何以得知我個人的電話或者其他私人事情，但是，我應該不須要跟一個陌生人談個人私事吧！」幾秒鐘內，如晞對於這位沈媽媽心中有千萬個疑惑。

沈媽媽終於放下犀利的口氣：「對不起，我希望你能體諒一個當媽媽的心情。前些日子我從女兒口中知道陸大榮，聽說他離婚、前妻下逐客令、搬家等等諸事，她也去幫忙大榮教授搬家、布置新家，我當時就感覺不對勁，我還問她說『你可不要當了人家的第三者喔』，結果最近她居然跟我說要跟大榮結婚。直覺告訴我，這個男人動機不單純，陸大榮上週開車撞到人，因為是大榮的錯，須要賠不少錢，還是我女兒先借他錢的……，我就跟女兒說，前妻既然會跟他離婚，必然有她的道理，我就說這個男人有問題嘛！」

沈媽媽的這段話，一口氣解答了如晞許久以來的疑惑，一語驚醒夢中人，果然大榮早有盤算、也有對象，機關算盡，連新人的錢也一起坑，而且搬出大直公寓，居然還有「小三」幫忙搬家，大方進到如晞的房子，連大明一家人都見過了，難怪如晞提離婚時，大家既不意外也不傷感。但是，她還是沒有辦法說實話，因為真相可能會破壞了女方對大榮的信任感及可能的第二段婚姻。

「沈媽媽，我這樣說好了，大榮雖然不適合我，但是，也許他非常適合你的女兒，婚姻中很難說對錯，只有適合與否、接受與否。你的女兒是不是第三者，我並不清楚，因為我並不知道他們何時開始交往？進展到何種程度？如果，今天他們決定攜手共度一生，我會給予祝福，也只能這樣了」。

「我感覺這個男人沒有誠意，我們提出的訂婚餅、婚宴、婚紗照等他全部不要，第一推說自己沒錢、第二說自己還在離婚傷痛之中，第三說這是二度婚姻不適合太鋪張」。如晞心想，問題還是繞在「錢」上，可是明明如晞給了他一百六十五萬。

「沈媽媽，為何你會打電話給我？你如何得知我的電話？我真的非常疑惑？」

「我在大榮的身份證上看到你的名字，然後翻了電話簿，打了非常多通電話後，才找到『真正的孫如晞』，我相信你心中也很苦，我留朋友電話給你，有需要時，可以透過友人找到我！」

週末傍晚的黃昏覺，如晞睡夢中被吵起！離婚後不到一個月，大榮不僅有了對象而且論及婚嫁了！如晞不禁啞然失笑，果然是個負心漢，她慶幸自己果決斬斷情絲亂麻，人生中有些事注定是「回不去」了！

「大榮，我對你仁至義盡了，今天，我沒有說一句你的是非，到此為止了」！如晞自言自語。

沈媽媽所留下來的電話，如晞從未打過，而沈媽媽也沒有再聯絡了！

第四章 亭午

繪者詹舒涵

第二人生

勇敢開創「第二人生」新生活！

除了工作外，下班後如晞開始到健身房運動，目的不在減重而是在健康，另外就是打發時間。讓自己忙碌一點，才不會胡思亂想！

每週二－三次的有氧運動、飛輪、拳擊等，流汗的感覺真好；揮拳嘶吼的感覺真好；如釋重負的感覺特別好！在這裡結交一些運動的愛好者，是另一種生命體驗。會員裡有一位全身名牌的貴婦，她是健身房樓下「外勞仲介、婚姻介紹所」的「董娘」楊太太，常嘮嘮叨叨地分享他們介紹所的趣事。

「你們若有不錯的單身人選要介紹給我認識啊！」楊董娘一到運動館，今天要上「階梯有氧課」，還來不及更衣就跟大家嚷嚷著。

因為他們公司最近又增加了一項新的業務，就是婚姻介紹，原本只做「外配」，現在也增加了「在地」的服務。

「孫老師，你結婚沒？有沒有對象？要不要我幫你介紹？我們手邊有很多不錯的男士喔！」楊董娘一直跟如晞鼓吹著。

已經心如止水好一陣子的如晞，想起小嵐不斷的提醒，也許可以嘗試看看！

參加幾次團體的、個別的見面認識會後，的確認識了一些男士，有離婚的、喪偶的、大叔級的，其中不乏有竹科工程師、教授、公務員等，但是年紀多在四十到五十歲，甚至更年長，而且「外貌」條件都不算太優，例如髮量、身材等。而如晞也成了楊董娘公司媒合的第一人選，只要有新的CASE，董娘第一個介紹如晞給他們。

這一兩年，網路、手機開始興盛，如晞自從成了楊董娘公司的第一優質人選後，手機經常響起，若不是楊董娘，就是這些想約會的男士們。如晞學校辦公室裡，經常會有花店送花來，或者整袋漂亮多汁的水果託付警衛轉交給如晞。

「孫老師走桃花運喔！」大夥湊熱鬧的開玩笑！

「如晞老實說，你最近這一兩個月好像很忙？下班後不太加班了！」小嵐好奇地問。

「耶！你也不太加班囉！一下班就衝回家抱女兒，還說我！」如晞反駁回答。

「幹嘛這麼神秘，我是關心你耶！你看看這一桌子的鮮花、水果的，而且最近常這樣，只要是有眼睛的人都會好奇吧！我看連警衛大哥都忍不住要打聽囉！」

如晞簡單跟小嵐敘述最近的奇遇，小嵐非常意外在自己忙於帶小孩之際，如晞居然多了好幾段「奇遇」、「豔遇」，一邊聽還不時評論各男士優缺點，成了二個人最新的話資。如晞提出了三位印象比較深刻，或者說比較適合列入考慮的人選。

一、火山：

比如晞大四歲，台北新店上班，家住中壢，科技工程師，一子一女，喪偶，不高，一六五公分。有工作狂，言談幽默，經常加班到深夜，若可以約如晞吃飯，都在晚間九點以後。

二、馬哥：

年長如晞整整十歲，桃園某公立醫院行政人員，離婚，育有一女由前妻照顧，台北人，隻身在桃園租房子生活。有些時尚雅痞的味道，喜歡品酒，年輕時應該也是風流倜儻，感覺比較花心。

三、Seven（台×電先生）：

因為姓「戚」，所以大家叫他Seven，比如晞大七歲，竹科第一品牌大廠工程師，育有二女一子，喪偶，長相就是「沒特色」的「普通先生」。

在高壓力的工作下，父兼母職照顧兒女，還好有母親幫忙照顧孩子，因為最小的兒子才小一，老二才小三，所以想為孩子找一位有愛心的後母。

「如晞你還真會保密啊！」小嵐感覺真是不可思議。

「你覺得這三個人怎麼樣？」如晞問。

「我初步的感覺是『喪偶』的那二位，會不會比較安全一點？我的意思是，如果是『離婚』的狀況，又有孩子由前妻扶養，應該還有一些情感斬不斷，『孩子』是他們不得不聯繫或碰面的橋樑；反觀『喪偶』，當然是不幸的，不過，至少不會再有前妻情感上的羈絆。對了，你知道『喪偶』的原因嗎？例如生病、意外、自殺？」學數理的人果然比較理性，也能一針見血找到重點。

「火山的前妻是自殺，這也是近日才從他口中得知。因為他是工作狂，也許工作真的非常忙碌，無暇陪伴妻兒，而全心在家照顧孩子的前妻，個性比較敏感多疑、欠缺安全感，有幾次自殺紀錄，看過心理醫生，還特別找了岳母來家裡與她作伴，當然也順便觀察與注意她，深怕一不小心又會有意外發生」。

「至於Seven，前妻因為子宮外孕而輸血，卻因此染上C肝，脾臟也有受損，在醫生建議下切除脾臟，原本一切順利，主治大夫也隨即出國開會，沒想到深夜大量出血，其他住院醫師不敢妄做決定，待主治醫師趕回國急救，還是失血過多而過世」。

小嵐皺眉了：「你喜歡哪一位？」

「都談不上喜歡」。

「你還忘不了大榮嗎？或者傷害的陰影讓你害怕？」

「後者吧！」

「你的看法呢？」希如提問。

「如果你問我的看法，我會比較支持Seven台×電先生！」

「為何？」

「他的前妻過世應該說是不幸的意外，跟丈夫的忠誠度、家庭和樂等沒有關連，有家庭責任感，父兼母職顧家、帶小孩，這很不容易；而火山的前妻是自殺，說前妻個性敏感或者憂鬱症，我們是無據可考，也僅是他的片面之詞，何況他事業心又重，再說，火山的二個孩子都還是岳母在照顧，這可能會牽涉到孩子甚至岳母『接受度』的考驗……」。此時的小嵐好像「張老師」在輔導個案般。

Seven vs 小六子

「小嵐你是媽媽，應該比較可以理解幫孩子尋找一位後母的情感吧？什麼樣的人選適合呢？」我們易地而處思考看看！

「首先，我會考慮沒有孩子的」。小嵐說

「小嵐，你真的好聰明喔！這一點他曾經提過」。

「因為他已經有三個孩子了，負擔必然不輕鬆了，如果對方也有小孩，在經濟跟融合上難度都會增加，未來也可能變成爭執的導火線，另外，你是老師，有一份穩定的工作與收入，社會認同度也高，所以他應該會認真考慮你，我猜想啦！」小嵐分析得頭頭是道。

「何況，我們家孫老師身材苗條，長得又漂亮，永遠都是二十八歲，又是夏山高工的氣質美女老師，不挑你，挑誰啊？」小嵐今天話特多，也不忘幫如晞加持吹捧一下！

「謝囉！好朋友！今天蜂蜜喝多了！嘴很甜喔！有一次在停車場停車時，警衛先生以為我是他的女兒，你看，有趣吧！你就知道他多麼『普通』了！」這些話、這些事讓如晞心中有一些的暗……爽！

「但是，非常重要的一點，孩子也要喜歡這位後母啊！否則，以後灰姑娘、白雪公主的故事上演，還是後母孫老師被逼吞毒蘋果，就不得而知囉！」

「小嵐你有沒有考慮過，我在桃園、他在新竹，往後要怎麼住？住哪裡？我已經很忙了，哪裡有時間『相夫教子』？」

「我會建議你保持原來的生活與空間。反正，桃園的房子是你自己的，新竹的孩子們要上學，又有婆婆在，他們是動彈不得了，不如像以前一樣，週間他來探望你，週末假日你去新竹。否則大家天天生活在一起，跟孩子們難免也會有摩擦呢，『距離』，有時候也會有加分效果」。

「週末夫妻嗎？像以前一樣嗎？你忘了『距離』曾經讓我慘敗嗎？」如晞心中那道傷口還在隱隱作痛！

「人不一樣，未來也絕對會有不一樣的發展，至少，Seven有三個孩子，你覺得他可能下落不明嗎？以他的情況，是絕對不允許的」。小嵐似乎對這位Seven台×電先生充滿信心。

「你幹嘛這麼替他說話？八字都還沒有一撇呢？你這麼熱情看好他？」

「反正，我投Seven台×電先生一票，希望他加油，得到我們孫老師的芳心。」

「有一點倒是很奇妙，大榮姓陸，大家叫他『小六子』，這位台×電先生姓戚，所以同事們都叫他Seven，就是『小七』啦，我想七大於六是永遠不變的事實，完勝！小嵐你說妙不妙？」

「我覺得，這是老天爺冥冥之中在告訴你，既然7>6，代表七永遠都優於六，我敢說7-6≠1，絕對優於你以前的小六子太多太多！」言談之間小嵐似乎對Seven充滿信心。

「如果你這個邏輯可以成立，那你們家的小武不就最小咖了……，所以邏輯不通！」如晞說。

「管它邏輯通不通，總歸一句話，Time goes ahead!」

「沙老師今天很文青喔！」

「你家爸媽怎麼說？」小嵐問。

「他們覺得我瘋了，只是從原本火坑跳到另一個火坑罷了！我媽大概快被我的事煩死了，前面的大榮家人已經一堆狀況，現在又是『後母』，現實生活中的後母，跟學校接班的後母是截然不同的，可不是三年畢業喔，而是終身『服務』的。」

「我還是覺得順其自然就好，凡事別太強求」如晞為自己的未來做了簡單結論。

「如晞變得有點滄桑，我還是要說台×電先生，Mr. Seven加油！」

完勝

一切的劇情就像那天她們二人的對話般，神準！

為了幫即將面臨統測升學考試的高三同學祈福加油，學校由羅副校長（兼教務主任）、帶領全高三共計十個班師生一同遠赴新竹芎林文昌廟參拜祈福。因為高三週六假日也要到校假日留讀（導師也必須到校陪讀），為不影響正常上課，所以特別安排在週六前往新竹。

這位Seven戚偉易先生因為曾經聽如晞說過，本週六將會到新竹祈福，特別召集了三個小鬼戚宗雯、戚宗怡、戚宗民，要不要到文昌廟祈福？

「為什麼今天突然要去文昌廟？」念國三的大姊宗雯不解地問。

「要幫大姊你祈福啊，你不是也要考高中了嗎？」戚偉易忙著解釋。

「你平常又沒有在拜文昌帝君的人，今天怎麼突然相信神明了？」鬼靈精怪的老二宗怡也加入對話，「弟弟你要去嗎？」今年才國小三年級的宗怡問那才小一的弟弟。

「順便帶你們去認識一位孫阿姨！」偉易說。

「喔……，早說嘛，再忙也要去！可是我可得趕快回來看書喔！」姐姐說。

「我們已經看過好幾個阿姨了，上次那位淑麗阿姨還有去學校看我跟二姐耶！」弟弟說。

「那位淑麗後來還有打過幾次電話來關懷孩子們，我看她是很有心的」偉易的媽媽也來了。

那一天週六下午的祈福誓師大會，戚偉易帶著三個孩子也來到文昌廟，就像其他的善男信女香客般祈福，他同時也叮嚀孩子注意孫老師。而這件事如晞事前完全不知情，也沒有注意到，直到天真的弟弟跑到她面前直盯著她看，一回頭看到Seven才恍然大悟，原來，他帶著孩子來看看這位也許是未來「後母」的孫老師。

祈福的師生們，經過羅副校長唸頌禱文等儀式，又幫學生們戴上過火的香囊，所有的儀式才算完成。而在戚家呢？孩子們回到家後七嘴八舌的熱烈討論中。

「孫阿姨比淑麗阿姨年輕漂亮！」弟弟宗民直接說出自己感覺。

「+1，我也投孫阿姨一票！」妹妹宗怡說。

「我覺得孫阿姨很有氣質，我喜歡！」姐姐宗雯也不反對，所以全數通過，如晞完勝淑麗，一個她根本就不認識、也不知道的對手。

此時的如晞，還在回程的車上跟學生們一個個擁抱祝福他們考試順利、金榜題名，戚家的家庭會議她當然完全不知情。

有了孩子們的認同後，偉易也希望真有這份緣！難得三個孩子都贊同，有別於以往。

因為，自從前妻過世後，親朋好友經常幫他介紹對象，雖然沒有到過江之鯽，但也的確不少了，不論是孩子們還是偉易，總感覺「對」的人還沒有出現，而今天孩子們的反應，正如他自己第一眼看到如晞的感覺，畢竟是骨肉相連，連「看人」的觀點及喜好，都相去不遠。

再見了！購車惡夢

兩年前的機一甲新生，歷經高二鉗工、銑床檢定考試、導師如晞進修、離婚等，現已是高大成熟的高三學生了，正準備迎接統測挑戰。高三這一年，如晞認識了幾個「可能的對象」，也許將是她人生的轉捩點；而對夏山高工而言也是個特別的一年，因為，學校籌備多年的「遷校」計畫，終於接近完成。

原本地處都會繁華區的夏山高工，早有拓展計畫，研擬增加國中部、高中部普通科，成為完全中學的模式，小而美的舊校區顯然無法容納下更多的學生、更多元的學習環境與教室。這一年，民國八十七年，學校搬遷至較靜謐的新校區，校園廣闊有十二公頃之大，一切的教學設施都是新的，增聘了不少國中部老師、普通科老師，更名為「夏山高中」，嶄新的一頁，上至董事會，下至全體師生都期待著夏山新生命。

新校區帶給大家的，除了「新」之外，還有更多生活上的改變。例如以往車水馬龍的舊校區交通便利，公車、客運站就在校門口，離火車站也很近，學生上下學很方便，也有為數不少的學生是自己騎單車上下學的。而新校區則不然，因為地點較偏遠，暫時還沒有大眾運輸到達，所以，「校車」變成學生最重要的交通工具。

那些原本就住在學校附近的老師們都是騎機車上班的，大家都趕在寒假（遷校半年前）趕緊考駕照、買車、練車。

如晞第三度遇到「買車」事件，這一次她終於可以做自己的主人了！與大榮糾纏多年的買車惡夢，再次縈繞腦海。

又要找「沙顧問」諮詢一下了！

「如晞何不找Seven幫你呢？無論是選車或者複習路駕，我相信他都會很樂意幫忙的，也可以藉此看看他的誠意啊！或者，你也可以將訊息釋放給其他的男士，像火山、馬哥等人，測試大家的反應如何？我猜，一定會有所不同喔！」小嵐的建議聽起來挺有意思的。

如晞聽從小嵐的建議，所謂「兄弟登山各自努力」，看看這幾個人愛車的車況、如何努力，或者有否努力！

一、火山（福特一‧六中古車直逼五十萬公里大關）：一樣的工作狂，每晚九點下班離開辦公室，回到桃園已經接近十點了，汽車展示場都已經打烊了，如何賞車？週末假日又自稱是親子日，要陪伴一雙兒女，可以拿出來的時間還是晚上孩子入睡後，何況，他從未、或者還無心讓岳母大人知道如晞這號人物。唯一的一次駕車也是在十點過後的夜晚，不過對於新手在夜間開車及試開手排車終究幫助不大，而且有些危險性。

二、馬哥（龐帝克老車）：很浪漫的人，總喜歡上餐廳及品茗小酒。約會時間大部分都是他在「道說當年勇」，談家世、談個人在台灣、大陸情史，這個人總給如晞華而不實的感覺。唯一優於另外二人的地方是「彷如單身」，重點是他根本未把「購車測驗」當一回事，所以完全沒有擔任過如晞的汽車教練。

三、Seven（Lexus）：首先，他利用休假時間帶著老二、老三在新竹銷售場繞過一輪，Toyota、Honda、Nissan、Mitsubishi、Mazda等主流車款全都做了初步的瞭解，正如他在工作上一樣的執著與用心。隨後還整理了一連串的「指導課程」。

一週後，明顯看出「用心」多少！

「小嵐你好聰明啊！這個測試就像『照妖鏡』般，立馬分曉。」如晞忍不住稱讚小嵐一番。

「你看，我的眼光沒錯吧！我就說吧，一個父兼母職的父親與上班族，雖然平凡，但凡事認真、負責，何況，他有開闊的胸懷，能讓孩子們一起參與他的『選擇』，是對你跟孩子的尊重，可見，這位小七是真心把你當作『對象』看待；而另外二位，可能還在『遊戲人生』，對不起，我不得不這麼說！」透過購車測驗後，小嵐更是胸有成竹。

雖然，沒有百分百認同小嵐的批評，但如晞感覺雖不中亦不遠。

往後幾週，每逢假日或休假，戚偉易的Lexus高價進口車就成了教練車，他坐副駕駛座、如晞開車，從市區到郊區、到山區、再回到鬧區，不停的練習以熟悉路況，同時練習倒車入庫、路邊停車等。

新手駕駛，有時難免停車時有小小擦傷，但是戚偉易都可以甘之如飴。這讓如晞不禁回憶起當年拿到駕照後，她曾經要借開大榮的車，大榮還老大不願意的，坐在副座一路嘮叨不停，唉！「從小沙看大世界」，要看清一個人的心意，從一些小地方、小細節觀察，變能一目了然！

練車之餘，便是賞車。試開幾種車款，如晞比較屬意一‧三左右的小車，省油、好停、便宜，畢竟自己的積蓄才剛從負數開始回存。不過，偉易以過來人的看法提醒她「大車可以小用，小車無法大用」的道理，即使眼前車子只是上下班的代步工具，但是，如果熟悉後，不妨可以開回台北，載著父母出外走走。

當然，也許日後將會是桃園、新竹往返，這是偉易心中的幸福地圖。

「我的存款還不夠呢，好不容易才還清爸媽的借款，我想存點錢！」如晞很誠實的告訴偉易，他們這種「竹科新貴」，應該很難理解一個收入穩定的老師怎麼財務狀況這麼窘迫。

「我可以贊助你啊！」偉易誠懇的說。

這讓如晞很意外也很感動，但是她知道她不能接受如此大的厚禮，名不正言不順就平白收了人家的車，好像自己是個拜金女郎，貪戀他人財富，此時又想起大榮的種種，那些貪婪與算計，曾經讓如晞痛徹心扉，感嘆之餘只能慶幸自己的「塞翁失馬」。

當年六月，如晞終於成了「開車族」，最後參考偉易的建議買了一・六的Sentra，但是並未接受偉易的贊助，而是再度挖空了積蓄，加上貸款。

一切重新來過，新車、新對象、新校區！

戀戀北海道

遷校的暑假非常特別。

因行政人員忙於「搬家」，學校沒有安排暑期輔導，暑假前老師們只要收拾打包自己的書籍與用品，然後便是長達一個半月的假期（只有新生班導師八月下旬收假返校帶新生訓練），這實在是太美好了！讓如晞有了充分的練車、購車時間，也給了她一個「出國度假」機會。

「如晞，我今年還有一些特休假，剛好今年你也沒有輔導課，我們到北海道度假好嗎？」偉易提議。

「你是說我和你嗎？」如晞心中連續跳躍了好幾個畫面：美景、浪漫、度假、與對的人同行。

「讓我想想……」如晞有些猶豫不決。

暑假裡小嵐早跟老公出國度假了，少了最支持Seven的「沙顧問」，如晞這次趁回台北與記者老同事聚餐，餐敘後，又與台北的好麻吉佩玲大談這半年的好多故事。

這位佩玲老友，才華洋溢，政大新聞系、新研所畢業，一直以來都是雜誌社裡首屈一指的「文編」，負責幫採編們潤稿與下標，不過當了媽媽之後，為了希望親自陪伴兒子成長，她居然選擇「兼職」生活，僅接一些叢書的潤稿文案，直到兒子上小學後，跟著孩子到學校擔任導護媽媽、圖書館志工媽媽，過著恬淡的家庭生活而且甘之若飴，這點讓姊妹淘們佩服不已。

「我當然贊成你去啊！」佩玲迅速而且直接地給如晞非常肯定的答案。

「自從缺錢後，我根本不敢夢想出國了！想想學校給我們的每年一萬元的補助款，我從來沒有享用過呢！可是如果答應，不就代表默許這是一段感情了？」

如晞還是很掙扎。

「難道，你還要繼續這樣，在桃園過單身生活嗎？你看看大榮，才剛分手，人家女方媽媽電話就追殺過來找你了，你還在遲疑什麼？對這位Seven還有何挑剔？」佩玲問。

「他有三個孩子，如果跟了他，我馬上就要當現成的後母了，完全沒有照顧小孩的經驗與心理準備，我只有照顧學生的經驗，而且還是高中生喔！何況家裡還有老媽媽……，以前，一個大榮都搞不定了，現在是一＋三，喔，不，是一＋四，三個孩子一個媽，我對自己沒有信心，也不能容許自己再失敗一次，我已經不知道如何過『團體』家庭生活了」如晞不安的說。

「像他這樣忠厚老實又傳統的人，我猜想為了孩子，他應該是以『婚姻』為考量，不會像其他的人似乎還只停留在交朋友的遊戲人生階段。」如晞其實很瞭解偉易的心。

「難道，你希望偉易也是在遊戲人生交朋友嗎？也許，他不是一個浪漫的好情人，不過，我想他會是能照顧你的好丈夫，尤其失去過一次，會更加珍惜。至於孩子跟媽媽，我倒覺得你的好同事小嵐的建議很不錯。你可以在上班工作日住在桃園的公寓，假日再去新竹探親啊，何況你現在都自己開車了，往返很方便的」。

「距離，有時也可以創造美感的，雖然，『距離』曾經讓你挫折失敗，不過，在不同的人身上必然會有不同的延伸。你看我，當初決定離開職場全心照顧兒子，也是因為他特別難帶，從幼稚園到小學，我都得坐在教室後面陪伴他一同上課，否則他會非常沒有安全感而嚎嚎大哭，讓老師很困擾，這是不得不的抉擇，而今，雖然你是『後母』，但是三個孩子都能獨立照顧自己，費心的事已經少了大半了！」佩玲給了如晞很多正能量，要如晞勇敢面對Seven的情意。

於是，八月中旬，如晞和偉易來到了北海道。

夏天的北海道較之台灣涼爽多了，有時清晨還有些涼意。美麗芬芳的薰衣草、新鮮牛奶、溫泉、懷石料理等，偉易挑了一組最高檔的北海道行程，加上他玩單眼相機多年，一路上拍了許多美景，也為他的「氣質女友如晞」狂拍一顰一笑。

每晚入住溫泉旅館，美好的時光讓如晞簡直不敢相信自己還能享有這樣的生命，前段婚姻曾經讓她痛不欲生。而對偉易而言，也同樣不敢相信自己還能享有這樣的生命，「失去」前妻的痛，也正逐漸撫平。

「我們都應該忘卻過去的傷痛，好好珍惜眼前擁有的感情，如晞，我愛你！

當我第一眼看見你，我的直覺告訴我『就是她了』，我已經尋覓多時，你知道有多少人幫我介紹對象嗎？可我從來沒有動心過，除了你！為了擔心是自己沖昏頭，我特別帶了三個孩子到文昌廟探望你，你知道嗎？三個孩子異口同聲喜歡孫阿姨，你能體會到那種好特別的感覺嗎？」深夜裡的溫泉旅館，偉易深深吻著如晞。

如晞靠在偉易身上，那張一直讓她笑著的「平凡相貌」下，有著苗條又結實的好身材以及修長的雙腿，不同於一般的「大叔級」男生。

「我是鄉下小孩，父母都是務農起家，留給我們五兄弟一些田地，所以我從小就會種田，我是老么，因此爸媽與我同住，父親幾年前已過世。這幾年既要上班又要接送小孩，實在太忙了，才辦理休耕，以後孩子長大了，或者我退休了，我還是會回到『農夫』的本行，農夫的身上是沒有一點贅肉的，因為，我們要扛稻穀、修邊角、補秧苗，活動量很大的，當然，我們的食量也很驚人，農夫真的很辛苦，所以我從來不浪費或丟棄食物，哈哈！」難怪每回吃飯，偉易一定會把食物吃完，而且吃到連一顆米粒都不剩。曾經有一家他們經常約會吃飯的餐廳，廚師特別從廚房出來外場要認識這位客人，感謝偉易的捧場，讓廚師非常開心、非常有成就感。

「謝謝你對我的好，我非常感激、感動，我沒有當過媽媽，也沒有體驗過真正的家庭生活，有期待、也有擔心，擔心會讓你失望。」如晞給偉易一個長吻。

「我們可以先從週末夫妻開始，你可以假日再到新竹與孩子們一起生活，他們平常上學、補習也很忙的，而且因為從小失去母親，戚家的孩子都很獨立，姐姐宗雯會幫忙奶奶燒飯；妹妹宗怡會晾衣服；弟弟會收倒垃圾，因為失去了媽媽，所以都不是『媽寶』，何況他們奶奶就在身邊，也會從旁協助孩子們，這點你可以安心」。偉易順著如晞的耳、肩、頸、胸親吻著。

「如果，真的無法勝任媽咪，或者我看錯人了，我，戚偉易也認了，誰叫我已經為你神魂顛倒、意亂情迷……」偉易很執著的呢喃著。

「謝謝你給我的愛，還有寵愛，我會努力的」！如晞輕咬著偉易的唇。

浪漫假期結束了，接著就是八月下旬的高一新生訓練了！

小嵐跟如晞同為高一導師，一大早，趁著新生還沒報到，小嵐正細細觀賞如晞在北海道的旅遊照片，「如晞好美啊！Seven很能掌握你的神情喔！」小嵐頻頻點頭稱讚，不忘邀功自己的好眼光，一路支持的台×電先生。

「小嵐，為什麼你這麼支持他？」如晞問著也剛從歐洲回來的小嵐。

「直覺吧！聽你說了幾個人的狀況，直覺你的Seven台×電先生最有心」。

「戚偉易應該要好好謝謝你才是！」如晞也感謝小嵐給了她再一次戀愛的勇氣。

「來一份台塑牛排就好，這對台×電先生來說應該是易如反掌吧！」

「沒問題，我一定轉達！」

新校區、新氣象

遷校，一直是劉校長任內最大的使命與期許，而年年滿招、近一〇〇%的高升學率都是劉校長任期內的行政團隊與全校師生一同努力而來，待完成遷校後，他計畫功成身退交由年輕新世代來接棒夏山校務。張可為，就是他計畫中的接班人。

而羅副校長呢？這似乎是個棘手又糾葛多時的「人事」議題。

副校長離開了！他考取公立學校了！這應該是個最圓滿的結局。

兩人一直以來的較勁落幕了！學校裡二股若有似無的勢力逐漸瓦解！

暑假七八月，火傘高張的豔陽天！

在教官們的指揮下，徵召糾察隊、環保義工、愛校服務等大批學生來幫忙。

其中困難度最高的就屬圖書館的書籍跟教室的課桌椅了，從打包、搬運、卸貨、到放置定位，整整忙了二個月。

八月下旬，所有遷校事宜初步底定，新生訓練即將展開！不同的是，今年有國一、高一新生，孩子們是搭校車到校，新訓的地點在音響擴音設備尚未完工的新校區，完全的初體驗。

這次，如晞接了資訊科，班上有十一個可愛的小女生，這是如晞第一次帶女生，也算是新的開始！以往總羨慕班上有女生的導師，從來不用操心學藝股長（教室布置、日誌）、總務股長（訂便當、收各項費用）找不到人選，而且，每逢教師節、聖誕節、導師生日等特別的日子，小女生們總扮演著細心策劃的重要角色，凝聚了班級的向心力，也帶給導師無限的溫暖，如晞打從內心感謝可為主任，不過，現在應該改稱「可為校長」了！

配合新校區，許多事物也有了不同的稱呼與面貌，例如班級名稱不再冠上科別，而是以序號來編排，如晞的〇〇七班（她似乎跟七、Seven這個數字很有緣，先是戚偉易Mr. Seven、後是〇〇七班）實際上就是過去的資一甲班，優點是〇〇七班三年都無須再更改班級稱呼，而且是獨一無二的，校史上不會再有第二個〇〇七班，不像過去的「機一甲」，每年都有機一甲，但是人員卻年年不同。

這一年，學校增設了普通科，所以高一新生共有十二個班級，由S001-S012

班，再加上第一屆夏山高中附設國中部國一新生五個班，由J001-J005。這群第一屆在新校區入學的新生，有著與眾不同的意義；有著不同以往的班級稱呼，夏山高中、張可為校長、為數不少的新聘老師與原有的資深老師，準備好將為夏山再創另一高峰，不僅要延續工科職種的金手獎與近百分百的升學率，未來在普通科、國中端同樣也能傲視群雄！

怪咖麗婷

如晞想起過去的「校刊小情侶」，當年好幾個資一甲小女生參加校刊社，幫了如晞不少忙，當然也闖了一些禍，如晞的國文小老師美盈就曾經說過：「如晞老師，你不用太羨慕我們老師有這麼多女生子弟兵，女生心眼多、小團體也多，不見得像大家表面看上去的融洽、幸福」。

嚴格算起來，〇〇七班已經是如晞的第四個班級了（前面二次的後母班、一屆機工甲班），雖稱不上資深老師，也能稱為「中生代」了！有了些帶班經驗與技巧，也還抱持著對教育的理想與熱誠。

首先，五天的新生訓練下來，十一個小女生一路上跟男生一樣跑步、蹲跳等，雖然很辛苦，但都能咬著牙撐過來，如晞不禁佩服孩子們的毅力，她始終相信「有心就有力」，但願〇〇七的孩子真能如電影中的龐德，不畏艱難、有智慧、有正義感。

開學後，隨即就是一連串的課程與校慶活動。如晞很快就發現班上有位女生很特別，她的人緣很差，同學們不論男女，都不願與她為鄰，怎麼了？

她是麗婷，父不詳，母親在國三時因罹癌過世，麗婷在南部已經舉目無親，所幸在桃園還有外婆跟舅舅，因此暑假才從南部遷居桃園，依親結婚多年卻膝下猶虛的舅舅、舅媽。舅媽並不疼愛她，更不願因麗婷而影響他們夫妻的生活，索性讓她獨自居住在頂樓，所有的生活起居及三餐麗婷都必須自己打理，生活費用及學費則由麗婷母親遺留下來的保險理賠費支應，在她成年前，舅舅就是她的法定監護人。

正因為一切都得自己來，所以麗婷的制服，不論是襯衫或外套總是充斥著洗衣精的過度香味，畢竟是個孩子，衣服總無法完全清洗乾淨，剛開始時，如晞以為同學們只是因為排斥她的「刺鼻香味」，所以下課時還特別教導麗婷如何洗淨衣服的泡沫。

然而事情並不只這樣。麗婷喜歡班上的一位男生威平，經常跟在威平身邊，也經常寫信或者傳字條給他，甚至放學後打電話到威平家傾訴生活上的孤苦無依。威平雖然同情她，但也感到非常困擾，他不希望自己被貼上「麗婷男朋友」的標籤，間接也讓自己受到同學排擠。

此外，麗婷還積欠不少費用沒有交，例如校車費、學雜費等，如晞幾次與舅媽聯絡，只聽著舅媽對麗婷成串的抱怨，包括貪吃、貪睡等不良習慣，而讓人驚訝的是舅媽指控麗婷對舅舅有情竇初開的情愫，由於這些指控在外人看來，實在不方便追問，如晞只好將麗婷的個案送至輔導室協助處理。

已經升為輔導主任的唐穎老師（當年那位曾經協助如晞處理校刊小情侶的輔導老師）順理成章成了麗婷的避風港，只要發現麗婷不在教室上課，必然就是在輔導室了！

逐漸地，麗婷不僅因搭不上校車而上學遲到被糾察登記，也經常因為晚進教室被巡堂教官捕獲（都是因為在福利社停留買零食），一大堆的紀錄讓如晞失去了耐心，不禁冒火了！班上一整週的紀律成績常毀在麗婷一人之手，這下子，麗婷真成了〇〇七的全民公敵！

原來，遷校後，夏山高中為了塑造優質校風，特別有了新規定，各班只要連續三週生活榮譽競賽榮獲全校前三名（包括整潔及紀律），便能在週會升旗時，升上該班的班旗，並開放一天的「班服日」，學生可以直接穿班服來上學，這對學生與導師而言，是極大的榮耀。這項新規定自開學以來，各班都很努力爭取榮譽，而如晞的〇〇七班是目前唯一升上班旗的榮譽班級，眼看著已經連續二次的第三週的前三名砸在麗婷手上，怎不教〇〇七班全體師生冒火呢？

為了麗婷，即使每週、每月的「班級輔導日誌」，如晞都詳實記錄了麗婷的點點滴滴，似乎還是不足以解決眼前的難題，如晞不得不在班級經營與校刊社的百忙中，去一趟輔導室再次請益唐穎主任。

「主任不好意思，又給您添麻煩了！幾年前的小芸、正棋的校刊小情侶事件，還好有您的居中協調幫忙，如今麗婷又經常來輔導室打擾您」，如晞客氣地跟唐穎說。

「如晞老師別這麼說，〇〇七班在老師的帶領下，無論是榮譽競賽或者學業成績上，的確各方面都很出色，至於麗婷，她的確是個遭遇坎坷的孩子，當然，她個人也有不少價值觀的瓶頸需要去克服。棘手的是她的家庭成員，應該說她的監護人舅舅，也許是男人比較粗心，自己也沒有當過爸爸，對孩子並未付出關懷，只有物質上的簡單照料，加上舅媽的猜忌多疑，孩子完全沒有接收到親情的溫暖，價值觀很容易會有偏差，我也擔心，有一天麗婷媽媽的保險費一旦花費殆盡，孩子怎麼辦？或者我們換個角度看，媽媽的遺產是不是真的都花在麗婷身上，還是被大人們挪為他用？」

唐穎一口氣說出了麗婷的問題，這讓如晞一時之間，感覺到自己的疏忽與慚愧，因為，今天她所關切的只是班上的榮譽競賽成績，卻忽略了麗婷荒腔走板的行為背後，那真正的原因與痛楚。如晞不禁自責：「自己何時變得這麼現實、冷漠，只看重成績，莫管學生心情，同理心不見了？」難道教育熱誠已經被「功利化」了？自己只在乎這些虛幻的「榮譽」。

「麗婷曾經跟我提過想要轉夜校，白天工作賺取生活費，因為跟舅舅、舅媽拿錢感覺很不舒服，即便那是來自媽媽的遺產，但是舅媽都跟她說『媽媽的錢早就花光了』，孩子那裡知道錢到底花光沒？剩多少？她只想早日搬出舅舅家，自己生活會自在些！」唐穎很用心地翻閱麗婷的輔導記錄，仔細跟如晞說明。

短暫一學期的相處，麗婷真的轉到夜校！

從此音訊全無！

若干年後，網路盛行，當〇〇七的孩子已經大學畢業、走入職場後，曾經聽班上女生聊起麗婷，似乎經常在自己的網誌PO出清涼甚至露點照片，也跟在房屋仲介公司工作的威平藕斷絲連。

這點似乎是真實的，因為多年後，如晞曾經收到麗婷的聖誕卡，文字間對威平有諸多的不滿，看上去他們似乎是「情慾伴侶」，也談不上感情，麗婷大大指控威平「開旅館房間不付錢、做愛前不洗澡、性關怪異，花掉她的積蓄」，字裡行間大膽而犀利。那一天，看完卡片後，如晞心情非常糟糕，直衝輔導室。

「唐穎主任，我不知道當年自己做了什麼？麗婷如今的人生顯然並不順遂，是我當年疏於照顧嗎？」如晞問唐穎。

「如晞老師千萬不要把孩子的成敗歸咎到自己身上，孩子有他們自己的路，我們做為師長就是『師父引進門，修行在個人』，老師不是救世主，不可能改變孩子的原生家庭背景，如果依你這樣想，那社會上那些作奸犯科的人，他們的老師都應該去切腹自殺了，何況，影響孩子一生最大的還是父母與家人，老師請寬心！」

這位聰穎過人的輔導主任，一直給如晞很溫馨、很溫暖的感覺，每回與她晤談，都有一種品茗一盅「心靈雞湯」的收穫感，整個輔導室在唐穎的帶領下，從布置到每位輔導老師都非常親切，這裡是校園許多「失落」的孩子的避風港，輔導室一直站在第一線上關懷校園裡的一些怪咖學生，憂鬱症、躁鬱症、過動症、情緒障礙（與家人、同學相處格格不入）、憤世嫉俗等狀況的孩子。

憂人班對！

男女合班經常會碰到「班對」問題，這真是一個「水能載舟也能覆舟」的議題，如晞很快地就面臨挑戰了！小情侶情到濃處可以互相鼓勵對方向上，也會一鼻孔出氣抵抗家長或師長；爭吵時也可能全班氣氛一起被波及的低氣壓。

以往都是帶男生班，處理的大都是抽煙、打架的「激戰」場景，而男女合班上演的則以「內心戲」居多，糾結往往擱在心裡或者反映在課業上，不像純男生班的爭吵，一言不合大聲爭吵拳頭相向，來得急，去得也快。如晞帶慣男生班，難免神經比較大條，整天管課業、管打掃就忙翻了，不太會去注意小男生、小女生之間的互動起了哪些化學變化？

〇〇七班成班之時，因為彼此都不熟悉，如晞暫時請看起來器宇軒昂，國中也曾擔任班長的張家誠擔任，副班長則由黃依萍擔任，並告訴大家等第一次段考之後，再重新改選幹部。

家誠來自單親家庭，實際說起來，他是與外祖父母同住，隔代教養的孩子，對自己的母親十分不諒解，因為母親不僅經常下落不明，工作也不穩定，家誠的教育費用往往是外公外婆幫忙籌措的，而對於自小就分離的父親更是仇恨在心。

為了減輕外公外婆的負擔，夏天的假日，他都會去游泳池幫忙，也協助「救生員」一起看顧泳池的狀況，因為工作認真，上高中後，也拿到救生員資格，正式挑戰救生員工作。

黝黑的皮膚、壯碩的身材，游泳池裡身手矯健，但是一到陸地上，就成了軟腳蝦、瞌睡蟲了！尤其週一習慣性不來上學，週二、週三也經常缺課，即使來上課，也是半睡半醒的「昏迷」狀態；週四、週五回復正常人狀態，然後週六又再度來臨，就這樣一直惡性循環下去。作業經常缺交、遲交，經過如晞的三催四請，作業、週記都正常交了，但是字跡娟秀工整，根本不是他自己寫的。如晞首先撤換了他的班長資格，因為她太清楚孩子在投機取巧。

再者，〇〇七班再度升上班旗了，由副班長上台領錦旗，依萍都準備好上台了，那天風特別大，有些涼意，家誠居然跟如晞說「天氣太涼了，怕依萍站在司令台上授獎會著涼，是否能代替副班長上台」。但是，家誠已經不是班長了！

最近一次，晚餐時，依萍媽媽來電，孩子出車禍了，二個孩子都在醫院。

家誠僅是皮肉之傷，依萍則因為肩部撕裂骨折需要動手術……。如晞心中好多疑惑，都放學了，這二個人怎麼會湊在一起呢？可以騎機車嗎？不是未滿十八歲嗎？何況夏山高中校規裡是禁止男女學生「不當」交往的……，不過，校規歸校規，陳年的老派規定哪裡能阻隔少男少女情懷呢？

趕到醫院，家誠滿臉自責，依萍媽媽情緒是焦慮與不悅。大家一起在等待手術完成，如晞與黃媽媽談話後，方知二個孩子經常到對方家裡「寫作業、溫習功課」，不過因為不放心，她偶爾會去「偷偷」關切孩子在做什麼，有一次無意間讓媽媽發現兩人因為天冷躲在被窩裡，雖然穿著衣服，還是感覺有些曖昧，讓她非常生氣，也開始禁止兩人來往，才會有今天家誠騎車載依萍出去的意外發生。

依萍整整在醫院修養了一個月，期間適逢期中段考，在黃媽媽要求不影響孩子學習與考試的狀況下，學校指派導師如晞送考卷到醫院，親自陪同與監考，至於留在學校考試的其他孩子，則安排代導處理。

麻煩的事不只這些，還有一大堆的輔導日誌、生輔組通報等，如晞終於體會到以前的小老師美盈告訴過她的話「女生雖然心思細膩貼心，但是很容易會有小團體、地下勢力」，果真如此，難怪許多資深老師（尤其男老師）喜歡帶「純」男生班，就是一個命令一個動作，簡單明瞭。

小情侶的意外雖然苦了導師，但是夏山高中向來就是以「照顧好每一個孩子」為理想，尤其在競爭激烈的私立學校，要招滿學生，就必須先有亮麗的升學成績、體貼的關懷與照顧，有了家長社會的認同，學生方能源源不絕。何況，夏山現在招生的範圍與對象已經不只國三生了，還有小六的家長與孩子，為了建立夏山完美的優質學府形象與口碑，可為校長要求大家務必對學生及家長的照顧是7-11，手機二四小時全天候開機。

這樣辛苦的奔波監考，依萍對如晞並無感謝之意，相反的，當她回校上課後，跟同學們說的都是「老師說了我們很多壞話，害媽媽對家誠有許多的誤會，還阻止我們交往……」。然後小情侶開始在班上聯合同學抵制如晞，他倆的故意犯錯讓〇〇七榮譽競賽一落千丈，其他小女生也對導師不諒解，讓如晞非常懊惱也傷透了心，孩子真的很不懂事。

原來，黃媽媽為了阻止孩子們交往，把那段「小情侶躲被窩」的事件拿出來數落外，又「假傳聖旨」言明如晞老師及學校的堅決反對立場，這份糾結困擾如晞許久，即使如晞還是一如往常對孩子釋出關懷，可惜，孩子的心已如「銅牆鐵壁」般封閉，學校的課業、活動、榮譽競賽依舊進行著。

直到聖誕節前夕，如晞生日當天學校剛好舉辦「聖誕英文歌曲比賽」，當〇〇七班表演結束後，依萍忽然拿起麥克風，邀請全班上台，她感性且脫稿說著：「今天是我們班導如晞老師的生日，雖然我們這群小屁孩經常惹老師生氣、傷心難過，但是我們都接收到了老師對我們的愛與關懷，在我們心目中她是全校最認真的老師，只要有她在，我們凡事都不怕，今天〇〇七班借用這場聖誕活動，祝福我們老師天天開心，要幸福美滿喔！」

此時〇〇七班休息區，只剩如晞一人在台下，當場爆哭飆淚，她知道孩子終究懂了，很多事情與誤會，也許不須要急著解釋清楚，時間，果然是最好的療癒，當心結打開了，自然不藥而癒。所有的委屈與痛楚都已經過去了，〇〇七班榮譽旗再度飛揚在夏山高中操場，而寒假裡，家誠轉學至夜校就讀，之後，依萍也交了新的男友，憂人班對的故事留在大家的成長記憶中。

〇〇七奇蹟

雖然男女合班讓如晞吃了不少苦頭，不過，也因為有著一群很不錯的「小智囊團」，他們的向心力幫忙如晞處理班務，分憂解勞，像是高二時期號稱全年級最優秀的班長「莊董」；高三時期的班長資訊科「狀元郎魏董」，既會唸書又能輔佐同學向上；學藝股長「小花」，教室布置如晞完全不用操心；衛生股長達威，經常在檢視同學打掃狀況後，自己再捲起袖子加強清潔度；風紀股長威霖的管理班級紀律秩序；總務股長Apple的條理分明管理班費收支，每位同學都能配合幹部的步調，認同導師的要求，〇〇七班漸漸站穩腳步，漸漸攀上高峰。

因為這群優秀的智囊團與榮譽心、向心力，創造了夏山高中第一屆奇蹟，〇〇七班連續三年奪得全校榮譽競賽總冠軍，讓如晞晉身為夏山的「模範導師」。畢業時，如晞將三年累積留存下來的錦旗每人發一面還有剩，魏董說「發不完的，老師帶回家做紀念吧！記得我們〇〇七創造的夏山奇蹟」。

如晞並未因為「明星導師」而得意忘形沖昏頭，她一再跟學校強調「那是孩子自己的努力」，在夏山十年帶班、帶校刊下來，已經深感疲憊，能帶出〇〇七這樣的成就，是她的幸運，但是一路走來並不輕鬆，短時間內自己是無法超越〇〇七的紀錄。於是如晞請求學校能否暫且休息一年免帶班，讓自己好好沈澱一番。

非常感謝可為校長的允許，往後的一年，如晞只要做好「校刊主編」的工作。

然而，這一年的主編工作卻非常不輕鬆，因為除了編製原有的月刊、畢業年刊，還要編製夏山創校五十週年紀念特刊，難怪可為校長這麼爽快答應如晞！

另外，夏山最認真、認命的「阿信」小嵐，也因多年帶班的經驗，被調派教務處註冊組（高中部），加入行政行列。

這邊要特別說明，遷校後的夏山行政體系是教務、學務，國中、高中分流，國中部自組有教學組、註冊組、訓育組、生輔組，而總務、輔導則依舊統整全校性事務。

走馬換將

不過，此時，也傳出張可為校長要下台的訊息！

原因不明，也眾說紛紜！

有人說「聽說有小三」。

又有一說「聽說是校車業務、財務不清不楚」。

也有人說「董事會從公校高薪挖角以前的副校長羅才子，要強勢回歸夏山當校長了」。

真相為何，大概也只有高階層清楚。

讓人好奇的是，新任羅校長身邊還多了一位特別助理，一位軍職退役、對弱勢輔導、天主教教會很有熱忱的「老菜鳥」，鐵仁雄老師。大家實在無法拼湊出羅、鐵二人彼此間的關連，校園裡八卦連連，但可能都不是真相吧！

張可為校長，從校長角色轉身變更為「導師」，這個轉變也太大了，昔日舊校區時代的意氣風發，羅、張二人雙方勢力消長，「古今多少事，都付笑談中」！

如晞想起佳奇畢業後在同學會裡，曾經跟她提起過的一段話：「老師，你還記得我們那屆資訊科很漂亮的女生簡子瑜嗎？我曾經在桃園街頭看到他倆手牽手散步……！」

「佳奇可不要亂說話啊，萬一傳到人家耳裡，小心惹麻煩！」如晞當時還緊張地提醒佳奇。

如今，可為校長的下台，又讓如晞想起多年前某天一大早到學校，無意間目睹到當年的可為主任與吳聖惠老師耳語的那一幕；另又有佳奇的指證，難道真有傳說中的小三？算了，還是管好自己的班級比較重要！

董事長親自到校佈達新校長的人事令，久不見的羅才子主任，今日搖身一變已成羅才子校長，神清氣爽地接下印記，而可為的校長光環也在七月三十一日，舊學年度最後一天劃上句點。

夏山學園教師的流動、行政人事的走馬換將，每年翻轉！

看似欣欣向榮蓄勢待發的夏山學園，當董事會、校長、一級主任們仍然沈浸在遷校與擴辦的喜悅，以及滿招的成就之中，基層的老師們已經隱約嗅到「危機」的氣息，例如校區雖然廣闊，但是交通不便，家長抱怨不少，首先衝擊的就是夜校「進修部」的招生；其次，雖然增擴規模為六年一貫的完全中學，但是國內「少子化」已逐漸發酵中。這些應該都是未來的才子校長要費心的課題了！

飛越半世紀

新任的羅才子校長是資深老夏山了，對董事會、行政組織運作都很熟悉，也清楚夏山文化，更緬懷夏山的滿招與高升學率，不過他離開的幾年，伴隨著遷校、擴辦帶來的效應，夏山正在改變中！

只不過，羅校長似乎還沒有意識到！

學校滿招通常來自幾項利多：高升學率、優質校風、交通便利、教學認真、校園廣闊、學生榮譽事蹟、社會形象口碑等，各項因素彼此互相牽制、互相連動。

小嵐自從接下註冊組長業務後，似乎比當導師還要辛苦、還要忙碌，她很清楚知道註冊組關係著招生，是私立學校經營的命脈，而仔細研究這幾年的高一新生入學成績，小嵐已經察覺到「疲軟」現象，夏山依然是滿招的學校，但是入學分數卻在下滑中，過去排名在夏山之後的幾所私立學校，已經悄悄追上了，甚至超越夏山的新生入學成績底標。

另一個警訊是，轉學生（轉出）增加了！

舊校區時代，學生轉出主要是滿三大過，或者學分被當太多無法順利升級！過去的夏山是寧缺勿濫，即使學生因為三大過被退學也能心服口服，轉戰他校後，在新學校裡無論成績或品性的表現都優於其他學生。

如今，學生轉出的原因卻非如此，一學期二十多位高一新生要轉出去，這代表著新生經過一學期之後，仍然難以接受或適應夏山的校園生活與規範，學校偏遠？管理嚴謹？

那麼，逢「缺」要補嗎？

註冊組長小嵐將缺額整理出來後，上簽呈請示羅校長是否要招收轉學生（插班生）？

「小嵐組長，你知道轉學生的素質跟紀錄通常都不會太好嗎？就像我們的學生滿三大過，或者成績滿江紅念不下去了才轉學的嗎？」才子校長質疑地問。

「校長，我知道，但是這學期高一就轉出了二十多位新生，學校有缺額，每少一位學生，我們的收入每學期就短少三－五萬，如果再加上輔導費、學雜費等就更多了；如果每個缺額以六個學期計算，少一個學生三年可能就短少了二十－三十萬，這些缺口該如何彌補？」小嵐果然是數學老師，對於數字特別敏感。

「這部分我必須再跟董事會研商，也須要跟行政團隊開會討論後再做決議。」

小嵐組長是資深老師了，應該很清楚夏山董事會創校以來從來沒有跟學校拿過一分一文，只有每年以基金會模式挹助學校增加教學設備，或者增建教室。如果，我們因為招收轉學生彌補缺口，而影響了學校整體的學生素質或口碑，豈不是得不償失？何況，我們還有國中部學生，招生年年爆滿，也足以補足高中部的小缺口！」才子校長對夏山招生還是充滿信心。

「小嵐組長，招生就像牌局，學生素質好，就像拿了一手好牌，容易上手，也會是贏家，當然，過程中還須要老師們的調教與指導，讓孩子發揮潛力，也避免走鐘。相反的，如果手上的牌劣於對手，要贏牌談何容易，能不輸，就是贏了！站在校長的立場，我希望，也有責任給老師們『優質』學生，學生素質好、品行優，老師們教起來也愉快，日後也能創造很好的升學率，這是相得益彰，也帶給學校正向、優質的循環」。

離開校長室後，小嵐感覺好累！

望著鏡中自己，臉上佈滿痘痘，多麼不尋常的生理反應！

過去從未這樣過，即使懷孕時也沒有！

小嵐知道她的身體已經在抗議了！

接下註冊組之後，每天應接不暇的家長詢問電話，有問缺額、問轉學、轉科、轉班、獎學金、補助款等，尤其寒暑假期間，當大家都在放假時，就是註冊組最忙的時候！暑假裡組員們也須要休息、輪班，小嵐一肩扛起，每日到班，展現過人的「阿信」精神。

然而，縱然註冊組長燃燒自己也無法改變「少子化」的大勢所趨！

「你給自己太大的壓力了！」如晞提醒小嵐。

「我知道，我會調整自己！我只是把自己發現的事實整理成數據，也希望學校能夠意識到環境的改變，及早做有效的因應，一個小小的組長能做的也就是這樣了！剩下的就看決策者的智慧了！」小嵐無奈地說。

「我們都是站在最基層的第一線老師，學生的素質在改變、家長的觀念在改變、社會價值觀也在改變、而夏山自己也在改變不是嗎？遷校雖然帶給大家寬廣的校園與天空，但是家長要的是成績、升學、接送方便，沒有優質的新生當基礎，如何打出亮麗升學成績，這就像雞生蛋、還是蛋生雞的問題一樣，永遠無解！」如晞看著小嵐佈滿痘痘的臉龐非常不捨！

「小嵐，多愛自己一點！我們都只是小小老師，太小咖了！我們無力改變大局，所作所為都是為了『學生』，只求對得起學生跟自己的良知，你看你這麼打拼，連『美貌』都要拋棄了，累死一個沙小嵐，會改變什麼嗎？」此時的如晞也正為她的創校五十特刊而燒腦，二人的壓力都很大！

五十特刊打造CP值

如晞一個人扛下整本特刊共二二四頁的編務，僅有十年的夏山教學經驗如何探訪夏山五十年校史，還有那風起雲湧的絕代故事？

遷校前，如晞曾經幫忙整理訓育組的檔案，曾經看過一些頗具歷史意義的黑白老照片，斑駁陳舊，有些還摻雜著老鼠屎、蟑螂大便，整理起來苦不堪言。再經過遷校的折騰之後，可能又遺失了不少資料，整個檔案室裡雜亂無章，無人整理，也無暇整理。

支援呢？在哪裡？

還是要想辦法克服解決！

如晞戴著口罩、手套進入檔案室，一箱一箱的資料該從何著手？先找夏山文青（校刊社同學）午休時一起「挖寶探險」吧！挑出堪用的照片掃描數位化存檔！

不過，社團裡並沒有掃描器，須要向其他處室商借。

同時著手撰寫特刊大綱，如晞參考了許多資深學校的紀念特刊後，擬定幾個重點單元，包括：

一、五〇經典回顧：今昔照片大ＰＫ。
二、有關校史：創校緣起；校歌、校旗、校徽設計故事；大事紀彙整。
三、經典人物：歷任校長、資深老師、風雲校友、夏山兩代情、夏山愛情故事。
四、經典文創作品回顧
五、夏山家族：董事會、校友會、家長會

洋洋灑灑寫企劃案，估算頁數、成本等，可是誰來徵集這些稿件？誰來彙整大事紀？誰來校對稿件？太多的未知數！

眼看特刊之路坎坷且佈滿荊棘！

唯一還算幸運的是，羅才子校長很重視這本特刊，他本身又是夏山畢業的老校友，所以，他是如晞唯一可以詢問跟請求支援的長官了！

首先，羅校長幫如晞申購了掃描器，並交代「重要的照片攸關校史的保存，除在校內自己掃描外，可以委請廠商做高畫數掃描及照片畫質的修護」，另再請教務處安排一位實習老師擔任如晞的助手，協助打理瑣碎雜事，其他的，就請如晞老師創造「不可能奇蹟」了！。

另一件也算幸運的是，此時網路已經盛行，yahoo、google等平台崛起，上班族開始大量使用個人網誌、信箱；企業界工商團體設有網頁；手機也已經普及化，要收文章跟照片的電子檔都不是難事了！

但是，邀稿過程卻非常繁瑣艱鉅。只要羅校長或者資深老師能「提出」適合報導的人選，如晞就是不厭其煩地打電話、不停地懇求對方執筆分享自己奮鬥的故事，得到的回覆經常是「不要找我啦，我只是比較幸運而已，還有人比我更適合，我推薦×××，他非常傑出」、「我的文筆不好啦」、「沒有時間寫文章」……拒絕的理由琳瑯滿目。

在這一來一往的「彼此推薦」下，如晞也因此認識了不少「夏山好漢」，五十年校史裡的確臥虎藏龍，而他們的奮鬥故事都是夏山新生代學生學習的典範。當然，如晞曾經帶過的優秀學生像機工科的凌軒、資訊科的美盈、〇〇七班的小花、魏董等，在導師的「要求」、「請求」下，全都撩下去寫自己的升學、奮鬥故事了！

從二〇〇五年暑假，一路忙到翻，二〇〇六年夏日，夏山寶貝終於誕生了！

如晞寫下了她的編後語：寧夏

孕育

從去年暑假（二〇〇五年），我就開始為五十特刊煩惱了，初步完成大綱時，覺得……嗯，好豐富的內容，很有看頭喔！但同時也知道，我為自己攬下一個很大的挑戰，幾乎是「不可能的任務」。

如果天馬行空的企劃案，真能平安降落，那就真佩服自己了！我在心中為自己加油打氣，不要怕，做了再說吧！

萌芽

暑假之後，我利用課餘空堂，逐步收集資料，一波波的挫折，我很快就卡關了！圖書館裡的畢冊並不齊全，收藏最早的畢冊是第三十屆（一九八七年），原來，歷史只能向前追溯十七年，其餘更早的，已無跡可尋（至少校內資源是如此）。去找訓育組早期的檔案照片吧，有些早就斑駁不清，有些則禁不起「鼠輩侵蝕」，一張照片就缺了好幾個角落；更有些則因年代久遠而無法確認查證當時的人、事、物……觸礁了！

破繭

請教資深老師吧！我努力尋找另一條「生路」。不過，校園裡「生力軍」、「新尖兵」總多過「老夏山」，編輯的船隻就這樣走走停停，擱淺了再修復、再復航！

在此，要感謝羅校長及學務處的洪主任對夏山文青的支持與鼓舞，提供我們數篇傑出校友文章；感謝最資深的楊老師提供我們一些壓箱的老照片；還有董事會秘書、校友會總幹事；以及一同參與「生產過程」的昭儀老師（實習老師）陪伴我度過這段汗淚交織的日子，少了她的蕙質蘭心，「夏山五十」必然會少了些香醇的味道。

展翅

探索校史、追蹤校友、催收稿件、核對完稿……一路走來，方能咀嚼連橫先生所謂「修史固難，修台之史更難，以今日修之尤難」的個中滋味。一年匆匆過去，一頁頁美編完稿逐漸出爐，封面色彩、圖騰、草樣完成了。二〇〇六夏天，親愛的寶貝，你終於誕生了，獻給與夏山一同成長的朋友！

電話再相逢

才把特刊告一段落，感覺自己快被淘空了！

這一天，依然是忙碌、工作滿檔的一天！

如晞正在為學校教師節敬師活動寫報導時，也有些精神不濟，桌上電話響起……

「夏山高中您好！」如晞一如往常的接起電話回應。

「如晞，是我，大榮！」電話的另一端傳來陌生卻又曾經熟悉的聲音。

「你……怎麼會打電話來？」如晞完全沒有心裡準備，那聲呼喚震醒了腸枯思竭的腦袋。

「如晞，你是不是把大直房子出租了？你的房客沒有交電話費喔！」大榮也有點緊張。

「因為以前那支電話號碼是用我的名字申請的，中華電信打電話到辦公室找我，提醒說電話費帳單逾期未繳費，再不繳清要斷話了，其實我已經幫你繳了好幾次電話費了，我一直以為是因為你在桃園而錯過了帳單……！」

「太不好意思了，總共多少錢我再匯過去給你！我會告訴房客，請他們自己再去申請新的一支電話號碼，原本這個號碼就讓它『停機、停話』了吧，往後大榮就無須再幫忙繳費了，給你添麻煩了！」如晞感覺自己說話好客套、好生疏、好不自然。

「如晞過得好嗎？你再婚了嗎？有孩子嗎？」大榮一連串問了好多問題，語氣中有關切也有好奇吧！

「我二年前再婚，有孩子！算算我們分手都四年了！你呢？」

「你當媽媽了！恭喜你！」

「喔，我是當現成的後母呢，因為老公已經有三個孩子了，覺得也夠了，你呢？你當爸爸了嗎？」這點如晞也很好奇，這也是當初二人的婚姻走不下去的主因之一，大榮渴望擁有完整的家庭跟溫馨的親子生活。

「沒有，我們做過試管、也嘗試過各種方法，遍訪中醫、西醫，但是都沒有成功。都四年了，我累了，也放棄了，我找人算過命，命理師說我注定『無後』的命，唉，看開了，好好過這一輩子可能比較務實些」大榮淡淡地說著。

想起過去二人為了大榮的家人借住、借錢、買車等事劍拔弩張，如今都已成了「故」事。一時之間，如晞不知道自己該說什麼？曾經讓她痛不欲生的前夫，理想中的人生藍圖似乎也沒有真正落實。

「工作呢？你升系主任了嗎？」如晞問。

「前年已經升等為教授了，同時間也升系主任了，我現在因為同時兼了幾個公司的榮譽顧問，經常兩岸三地跑，收入變多了，生活變得非常忙碌，忙一點也好，日子充實也無暇胡思亂想」大榮言語之間，要表達的應該是自己收入優渥，過得還不錯吧！

「對不起，我來不及給你優渥的日子，如今擁有了，但卻人事已非！你喜歡什麼？或者缺什麼？我都可以買給你！名牌包？I PHONE手機都行！」

「有須要我會自己買，大榮無須再給我什麼了！」往事如雲煙，如晞只能平靜回答。

「你就是太節儉，總捨不得為自己買個高檔的名牌包犒賞辛勞，如晞應該對自己好一點的。雖然當年分手時一無所有，但是我相信現在的你，應該也已經累積了一筆積蓄，因為我瞭解你！」大榮非常肯定的說著。

多麼令人心痛的「瞭解」，就是因為瞭解，所以當年的積蓄才會散光，而今，「散財」的因素已不復存在了，所以如晞這個小資女，方有闖進「百萬收入」的機會，大榮的推論完全正確。

偉易從未跟如晞調頭寸拿錢、借錢，家中的生活開支、孩子的教育費用都由偉易負擔，他也鼓勵如晞好好努力存下人生的第一桶金，每月的薪水、輔導費、房租收入等，的確讓如晞每個月有六位數字的進帳。

大榮繼續說下去：「媽媽過世了！她一直都很想念你！前二週過世的，這幾天還在殯儀館裡」大榮說起患有肝癌的媽媽。

「媽媽一生最大的遺憾就是沒有女兒，所以她把媳婦當成女兒般疼愛，即使我們分手後，她還是經常說跟我說『如晞是個好女孩，有教養、有氣質』，這一點讓我現在的老婆挺吃味的。如晞，我不知道你現在怎麼想，但是，媽媽過世了，念在她這麼疼你的份上，如果你時間允許，如果你方便，就回台北幫她上個香，如果你覺得不妥，或者礙於先生而不方便，也沒有關係，我只是為自己的母親盡一點心意！」大榮終於說出這通電話最重要的期待。

「讓我想想……」好意外的請求，如晞不知道是否該答應。

一通意外的電話，似乎串連起已經斷線許久的記憶，許多來不及揭開底牌的問號，今日似乎有了答案。

孰對孰錯？正如當年如晞在電話裡回答沈媽媽（大榮新任妻子的母親）的話，婚姻的路上沒有對錯，只有合不合適、接不接受，願意接受就是「合適」，親友們該給的是「祝福」而非「意見」！

該上香嗎？

「媽媽可以陪我去上香嗎？」週末裡，一大早如晞獨自開車回台北娘家，跟媽媽道出大榮的來電與期待，如晞肯定媽媽一定會陪同她前往弔祭。很意外的，向來支持女兒的孫媽媽這次卻是堅決反對。

「我不贊成你去！」孫媽媽簡單明瞭回答。

「為什麼？錯過這次，我再也沒有機會了！你一向都很挺我的，也知道大榮媽媽的好啊！」孫媽媽的反應讓如晞很驚訝。

「如晞，你要替偉易想想！你有想過他的感受嗎？你有告訴他今天的計畫嗎？」孫媽媽一連串好多提問。

「今天的你，好不容易有了新的生命，一段美好的婚姻，偉易對你情深意重，孩子們也對你這麼好，口口聲聲喊你『媽咪』，還有親家母，戚家媽媽也對你視如己出，這些都是你上輩子修來的福氣啊！雖然前面十年的婚姻與生命，讓你吃盡了苦頭，但是，上天還是眷顧你的，遇到偉易，他是你生命中的貴人，看看你現在衣食無憂的生活，漸漸有了自己的積蓄。為了不給你壓力，週末假日才到新竹探視孩子們，平時他還是得父兼母職，扛起照顧及教育孩子的責任，在孩子面前，把『好人』都留給你做，『壞人』留給自己，他對你的愛，媽媽都看在眼裡。爸爸媽媽年紀大了，總有一天會離開你，有偉易照顧你，我們很放心！」孫媽媽很認真說著過去跟未來。

「兩害之中取其輕，沒能去上香讓你感到遺憾，但是，如果今天你去上香了，有想過後續可能發生的事嗎？陸家兄弟怎麼看你？陸家爸爸呢？你怎麼跟偉易交代這段時間的下落？就算偉易都不知道，如晞的心可以若無其事嗎？會平靜嗎？」

「我感覺媽媽很疼愛偉易，勝過當年的大榮！」如晞說。

「唉，說到底，我是疼我們家女兒！當然也是疼女婿！」孫媽媽說。

「媽媽知道今天我給你的答覆，對你、對大榮、對陸家婆婆有些殘忍，但是，媽媽是為你呵護這得來不易的幸福，偉易知不知情，不是重點，而是你有沒有做，往後可以坦蕩面對偉易嗎？往後跟陸家要做到完全切割，先問問自己做得到嗎？」

「媽媽對我這麼沒有信心？」如晞不禁問。

「知女莫若母，你心腸很柔軟，大榮哪一天碰到難題缺錢了，又來找你怎麼辦？」孫媽媽實在對陸家感到無奈。

「可能是自己嚇自己吧，有時候媽媽還在想，要不要幫你保管存摺、印章，免得你這個大好人又禁不起人家的請求，掏心掏肺幫人家，到頭來還被指責為無心無肝，真的很不值得啊！媽媽是捨不得你受委屈！」孫媽媽一吐多年來的怨氣。

「我懂，我不去就是了！我相信媽媽是對的！」孫媽媽的這些話深深烙印如晞心中，父母對子女的愛莫若如此了！

第五章 未申

繪者Manuko

各領風騷

才二年光景，羅校長要下台了！

校園裡再度風聲鶴唳！

原因為何？不詳！

有人說「羅校長性情較軟弱，無法掌控各處室，校園裡派系太多了」。

也有人說「羅校長公差費報帳支領不實」。

更有人說「是鐵仁雄特助爆料的，他將是未來的校長與接班人」。

又是眾說紛紜，大家只聽聞八卦、卻未知曉真相。

也沒有高階主管或者董事會代表向大家說明原委，羅校長就這樣，在夏山再度消失！

沒有留下任何隻字片語給老師們！

夏山自從遷校後，「校長」的流動率似乎高過教師跟行政人員，對學校形象非常折損，到底怎麼了？

董事會很少有代表到學校瞭解校務，偶有董事長「秘書」來訪，妙的是，董事會對學校的各項校務，尤其是財務，又似乎瞭若指掌，而所瞭解的資訊都是真實、正確的嗎？或說只是單方面的訊息來源，這點讓大家匪夷所思！

莫非，校園裡有「吹哨者」？

在哪裡？是誰？

繼羅校長之後，果然是鐵仁雄特助勝出，擔任校長！

過去二年的特助經歷，讓他對於夏山校務已經熟悉與瞭解，校園裡的老師、職員個性、專長都清楚，改革「變法」策略，早在他心中默默勾畫下藍圖，對夏山的教職員工而言，當八月一日鐵校長正式上任後，鋪天蓋地的改革即將翻轉全校！

鐵校長自擔任特助開始，便非常關注輔導室以及生命教育，如今升格校長，最重用的主管莫過於輔導室的唐穎主任。

所有改革的總督導與策劃均為校長，而實際的執行都交由唐穎主任負責分派給相關權責單位，並負責最後的檢視與驗收。一時之間，輔導室成為夏山第一大處室，輔導主任成了「校長分身」，地位凌駕教務、學務、總務主任之上。

改變，應該是好的、是必須的！

夏山走過五十年了，有不少地方的確須要與時俱進。

不過，改革的過程必然造成或多或少的不安與不舒適。

即使立意良善，如果手段粗糙或者操之過急，那麼，改革終將功敗垂成！鐵校長雷厲風行的改革速度與強度，很快便在校園裡引爆！為了實現對董事會的承諾與教育理想，他大刀闊斧整頓校園環境、人力、形象。

以下幾個看似簡單的「輕量級」改革策略，鐵校長都要求迅速、切實做到、做好、做足！

當每週都端出新的改革措施時，各處室都是火燒腦袋，人人都在跟時間、體力、智慧競逐著！不只燒……腦，還……燒……錢！

改革一：教學區各大樓命名

夏山新校區各教學大樓過去僅用A、B、C、D英文字母命名，鐵校長認為要注入更多的「生命」元素，從教學大樓、操場、司令台、會議室、職高各科辦公室、小至樓梯間都應該有「人性化、生命力」的名稱，還為此特別舉辦了「徵名」活動，以全校投票海選出最棒的名稱，最後請總務處「掛牌」公告周知。

負責單位：學務處（含全校師生）、總務處。

改革二：境教標語

鐵校長認為，「教育必須無所不在」，凡是學生活動的地方都應該有境教標語，例如提醒著孩子們說話輕聲細語、行為要像紳士淑女等；而關於生命教育的標語口號自然也必須到位，例如「我們不僅一起工作，我們更是一起生活」、「正向思考造奇蹟」……。

負責單位：學務處（含各班師生）、總務處。

改革三：綠美化校園

大量植栽樹木、花圃、草叢、藤類植物；綠美化校園各角落；設置露天野餐桌椅、陽傘等，提供全校師生「教室外的談心處所」與戶外休閒去處。

負責單位：總務處。

改革四：與校長有約

安排各班代表與校長午餐會報，校長可以直接聽取並瞭解學生的各式各樣意見與想法，避免被師長或行政過濾掉，「與校長有約」立意良善，提供學生與學校交流的平台。不過，後來發現學生們提出的意見往往天馬行空不切實際，學務處後來還是要求導師們先行過濾「學生的意見」。

負責單位：學務處（含教官室、各班導師與學生代表）。

改革五：紳士淑女親善大使

為培養夏山學生優良風範，設立小紳士、小淑女培訓營，從禮貌、舉止、應對、儀容等方面著手，培養孩子於活動中，擔任動線導引及接待外賓的能力。

負責單位：學務處、輔導室。

改革六：自省表

對導師而言，如果你的班級榮譽競賽、學業成績連續墊底，請撰寫自省表並提出有效精進策略；如果你的任教班級該科成績不見起色、上課秩序不佳（被巡堂老師登記），請寫自省表並提出有效的改善策略；如果學校正式活動或集會無故缺席、遲到、早退等，也請撰寫自省表說明原因……。

負責單位：全體同仁、人事室。

改革七：他山之石

不定期辦理參訪活動，行政團隊全台走透透，拜訪各地優質學府，所謂「他山之石可以攻錯」，每次出訪，勢必進行全校課務大調動，活動後辦理餐敘分享心得，另外所有參訪人員必須撰寫參訪報告（校長會進行評分），如晞主編則必須另外再撰寫「活動側訪」上傳學校網頁。此外，編列媒體報導預算，以提升夏山的能見度，不僅在桃園區，更要讓全國都看得到夏山的優質校風。

負責單位：教務處、輔導室、校刊社。

當經常大幅度調課以配合各項活動，行政同仁參訪報告、老師們自省表寫不停也寫不完時，校內的機制與運作往往因此而延宕！

校園裡民怨四起，老師、學生搞不清楚每天的課表，家長不解何以「生命教育」如此重要？鐵校長的第一年政績，多元而充實。

改革，伴隨而來的是忙碌、疲憊不堪；是行政紛紛掛冠求去。

暑假裡，鐵校長的第二年，接著上演的是人事大搬風！

我不是輔導老師

六月底，趁著學期結束，暑輔開課前，如晞跟偉易飛至雲南度假消暑，回到台灣才下飛機，就被留守辦公室的「夏山阿信」小嵐急著手機追蹤！

「如晞你終於接手機了！」小嵐好急的口氣，當時還沒有智慧型手機，無法及時上網，也沒有賴、微信可用。

「怎麼了嗎？」如晞感覺很莫名。

「你看公告了沒？」

「沒有啊！才下飛機怎麼看公告？」

「回家趕快開電腦看公告！」

「為什麼？我還在等著領行李出海關，還要一段時間，你就直接說吧！這麼神秘！」如晞心情顯然被小嵐的電話影響了。

「你知道自己要被調到輔導室嗎？」

「為什麼？我又不是輔導老師！」

「你要去接『輔導主任』啊！」

「什麼？小嵐你是累昏頭了？還是太想我了？怎麼語無倫次的！那唐穎主

任？難道她另有高就嗎？」

「我跟你說，六月底期末考結束後，你們大家都去度假了，因為很多行政丟辭呈，校長也覺得有些單位的確較為鬆散，有些行政的確不適任，所以，他就動手了！」小嵐簡單說明。

「我哪裡行啊？首先，我根本不是學輔導的；其次，我沒有做過行政，現在要我一步到位直接跳升『一級主管』，而且又是專業領域，校長一定是瘋了吧？還是真的沒人選了？何況，輔導室現在是第一大處室，砸不得啊！」如晞不安的說，度假的清閒與喜悅瞬間消散！

「啊！你跟我說這些沒有用啊，又不是我安排的，我只是好心趕快跟你『通風報信』，你自己好好想想要怎麼辦？要嘛，你就明天趕快來學校一趟，找校長翻盤；不然，你就乖乖去當輔導主任，當『最大尾』的主任，哈哈！」轉達人事消息後，小嵐如釋重負的大開如晞玩笑！

「我怎麼感覺你在幸災樂禍呢？你這個損友！我問一下，唐穎主任去哪裡了？」如晞很好奇。

「她要去當『國中部主任』了，你也知道，國中部是夏山的『金雞母』，是經濟命脈，趁著現在國中部年年滿招，家長們想盡辦法擠破頭要進私校，所以校長認為眼前一定要把『質』顧好，甚至超越我們最大的對手，山下那所秋水中學啊！所以，校長當然要派他最信任的唐穎主任去掌管國中部啊，這樣，你懂了吧？」

「略懂了！」

「那原本的國中部李恩惠主任呢？她調到哪裡？」如晞還有許多不解。

「她啊，聽說校長對她的行事風格不太認同，說得多、做得少，爭功諉過，有不少國中部老師向校長投訴她的種種不是，所以，就下行政囉！當個平凡的小小老師。」小嵐的八卦消息總是特別靈通。

「李主任那麼高調的人，把她從『皇宮貴族』貶為『庶民』，怎麼受得了？」

「更狠的是，人事室也沒有先私下找她談，李主任也是看了公告後才知道自己遭到『貶謫』！」

「小嵐暑假上班都在聽這些八卦傳聞？你真是夏山的『八卦公主』！」如晞消遣小嵐，而小嵐也大力反擊：「孫老師，我很忙的啊，只是忙得很苦悶，聞聞風向球，苦中作樂罷了！哪像你這麼爽，有了台×電老公後，現在每年暑假必定都要出國度假的喔！」

「好啦，言歸正傳，我明天會去學校一趟！」如晞疲憊地拉著行李跟著偉易回桃園的公寓。

一切等明天進學校找校長談了再說吧！

這段人事佈局，算得上夏山校史上非常震盪的一次！

這年暑假有高達十位以上老師出走！

溫柔緊箍咒

「主任，昨天回國才看到人事公告，我不明白何以是這樣的安排？」如晞果然一大早進學校了，不過她先去了輔導室找唐穎！

唐穎一直是如晞非常「崇拜」的主管，她不僅冰雪聰明，做事認真、果決，寫起計畫邏輯清晰條理分明，尤其對於學生的輔導，像過去〇〇七班的麗婷、夏山文青的小情侶事件，讓如晞對唐穎非常敬佩與感激，每次如晞帶班遇到挫折或瓶頸，她總會找唐穎抒發心事，唐穎總能為她「一語而決」！

不只是如晞，小嵐也會這樣，很多導師都會這麼做！

「這是鐵校長的意思！」唐穎微笑看著一臉茫然的如晞回答。

「主任，我根本就不是個行政咖，人事間的紛擾我看不懂，多年來也只會帶班、編校刊而已，而且，根本沒有人問過我的想法，我沒有能力，也沒有意願，請你們找真正有能力的老師來擔任，我待會再過去找鐵校長！」如晞還是強烈推辭。

「如晞老師有沒有想過，為什麼校長會想到你？要重用你？」

「別忘了，他當特助時，整整觀察了二年，再加上一年的校長，請相信這是校長經過深思熟慮後的決定，你在他的心目中是一位對人和藹客氣、做事認真、用心、有效率、有責任感的老師，這些人格特質是他想要的，也是目前夏山行政團隊最需要的。校長有跟我討論過輔導主任人選，你是我們一致認同的第一人選！」唐穎一如往常給了如晞很多正向能量。

「主任，我們現在談的是『輔導室』耶，這須要有專業背景的老師來執掌，如果，要我從基層的輔導老師做起，我沒有意見，也會全力配合，可是，輔導室裡還有其他輔導老師、組長等，她們都是輔導專業出身，要我一個『外行人』去領導『內行人』，如何讓她們信服呢？如何杜絕校園裡的『攸攸之口』？你們應該找朱湘文老師的，她是你的輔導組長，也跟著主任你多年了，各項業務都很熟悉，由她直接遞補『主任』，才是不二人選。」如晞推薦了朱湘文組長。

「老師不用擔心做得好不好，輔導業務對你而言其實也不全然陌生啊，像班級經營、升學輔導、生涯輔導等，你當導師時就已經接觸了，至於比較專業的

『特教』或者較為陌生的業務，我的輔導組長朱湘文老師會留任在輔導室協助你的！雖然她對處室的業務很熟悉，但是畢竟太年輕，三十歲不到，還須要一段歲月的磨練，再過一陣子湘文也要結婚了，還有許多人生的課題等著她成長。」

「如晞老師，『輔導主任』是一個行政管理的角色，你只要掌握行政的步調即可，至於其他輔導老師的情緒，今年剛好二位輔導老師離職、一位請調學務處帶班，所以，除了湘文外，我們還要招考二－三位的輔導老師，可能也會再安排一位實習老師協助處理瑣事，屆時，輔導室幾乎也是個全新的組合，那就考驗你的智慧了！不妨放手發揮，輔導室會因為你而走出不同的風範。」

唐穎一波又一波的「柔情攻勢」，讓如晞很難招架，幾乎快被唐穎收服了！

「主任，我，不是您，承蒙您跟校長的錯愛……，我去找校長說說吧！」如晞感覺自己須要趕快脫身，去尋訪另一個「可能」的救兵，再說下去自己一定是「徒勞無功」的，唐穎的話就像唐僧對孫悟空的「緊箍咒」般，讓孫如晞失去抗拒的本能。

離開輔導室後，如晞在校長室外徘徊等待！

鐵校長正與考上公校即將離職的老師晤談。

接近中午，終於輪到如晞了！她是今天上午「面議」的最後一位。

沒想到，暑假裡要見校長還得找秘書「掛號」排隊呢！可見校長真的很忙！

「如晞老師雲南好玩嗎？美不美？」鐵校長神情愉悅地說。

「嗯，很美，校長有機會也可以去雲南走走！我很推薦！」如晞順著校長的話回答。

「如晞要問我『輔導主任』的事嗎？」當校長的人果然是處變不驚，非凡的穩重。

「是啊，報告校長，剛才已經跟唐穎主任談過了，非常謝謝您跟主任的厚愛，將如此重大的任務交給我，但是，我並非輔導老師，又是行政素人，一口氣給我這麼『重量級』的任務，恐怕有負所託。當年，我決定從傳播業轉任教職，就是希望做個平凡的老師，在此安身立命，對於行政，我完全沒有慾望或企圖心，也希望校長能把機會留給更適合的老師。」

「再者，輔導室現今的業務量這麼龐大，唐穎主任優秀傑出，又是校長您最倚重的部屬，我是擔心搞砸了輔導室的金字招牌啊！」如晞迅速整理出要表達的重點：非輔導、非專業、無行政企圖，願能一次搞定。

「你都還沒有上任，怎麼就認為自己做不好呢？我已經觀察如晞老師三年了，我看到你為五十特刊投入的心血與努力，凡事勇往直前，不畏艱難，做事力求完美的堅持，那麼繁瑣的特刊，你都能以一抵三，如期完成，成果完美，我問你，收集校史、舊照片、老校友很容易嗎？寫稿、校稿、排版很輕鬆嗎？」校長反問如晞，眼前的鐵校長溫暖的笑容讓如晞很難連結他這一年來的霹靂改革手段。

「站在校長的高度，我認為，輔導室的業務可以經過『後天』的學習跟時間經驗而累積，但是人格特質與工作態度卻不是短時間可以培養或改變的，或者說這是天生的個性。如晞老師，眼前學校正須要你這樣熱血的老師，行政團隊須要你的投入，校長須要你的幫忙、也希望你能點頭答應！」

天啊，又是另一段「溫柔的緊箍咒」，鐵校長不是應該像鐵扇公主般，手拿芭蕉扇煽滅目前這座正在燃燒的火燄山嗎？他不是一向雷厲風行，手段快、狠、準的嗎？今日的他，態度誠懇，與平常傳聞中的形象難以連結，也讓如晞好難拒絕！

「當然，如果，如晞老師還是堅持拒絕，我也會尊重你，但是，人家說『凡走過必留下痕跡』，我相信輔導主任的經歷，也會影響你日後的職涯發展，我相信你會努力，但是也請不要給自己過多的壓力，做，就對了，我相信我不會看錯人！校長有信心！」

如晞心中不禁自問「天啊，校長，你到底哪裡來的信心？我自己都沒有信心呢！」

跳火坑

如晞就在連續的「溫柔緊箍咒」中，失去了「抵抗」的能量！

「反正，做爛了，不用你請辭，自然會有人要你下台」小嵐一派輕鬆的說。

「唉，你知道我這種魔羯座的龜毛脾氣，為求完美，常常累死自己！」如晞反駁小嵐。

「所以，校長才要找你做啊！輔導室砸不得啊！我不得不說校長很聰明，會用人！」小嵐一副軍師模樣。

「同理可證，小嵐也是個人才啊！你的普高主任呢？你對這個新職務好像沒什麼抗拒？直接投降？」如晞再次反駁小嵐。

其實小嵐惱人的事也一堆，這波人事名單中，她也被調職，離開註冊組接任普通科主任。但是，因為原本就感覺註冊組實在是行政群裡的火坑，吃力又不討好，收了轉學生增加學校收入，還要承受老師們的抱怨，投訴註冊組轉學生收得太浮濫。雖然，只是從「火坑」調到「糞坑」，但是，至少不用寒暑假裡還要留守辦公室「枕戈待旦」。

「唉啊，至少先讓我把滿臉的痘痘治好吧！還我美麗容顏！這回輪到如晞『吞劍、跳火圈』了，反正行政就是搏命演出，學校是不會幫你買『保險』的，出『意外』了，就是自己認賠做收，你看可為老師，從主任、到校長、再回歸導師，能屈能伸啊！我們就要像人家這樣，上台看能力，下台看背影的美麗啊！」

「喔，你倒是行政的過來人喔，說得好像我過得輕鬆愜意，你不知道那個五十特刊我是怎麼咬著牙做出來的！」

「嘿，你覺得普高主任好做喔？光鄰近我們的那所秋水高中就打死全桃園的私立學校了！人家沒有職科，就只有普通科，公立學校不講，以私校來說，全桃園國三家長哪個不想把孩子往秋水高中送？沒辦法進到『秋水』的學生，才會退而求其次到『夏山』來，校長、董事會都在看升學率，夏山的職科很棒，但是普科要怎麼比？數字一掉下來，我的烏紗帽就難保了，就可以下行政了，哈哈！」

原來小嵐心中打著如意算盤，她最愛的還是當導師帶班。

「好吧，我們倆一個火坑、一個糞坑，各自努力！」如晞說。

「我只是二級行政喔，你可是一級行政，等級不同的，如晞還是小心為上，尤其當眾所紛紜，質疑怎麼不是專業的朱湘文上來，而是校刊主編『空降』時，你該如何面對與因應？雖然校長跟唐穎主任很挺你，但是，學校裡還是有不少反對他們的勢力！他們畢竟無法時時刻刻保護你、為你解圍，何況，如果事事都要勞動他們，那要你這個『輔導主任』做什麼？」小嵐不忘跟如晞耳提面命。

好朋友的革命情感果然不同，在最緊急的時刻，也只有沙小嵐趕著告訴如晞人事命令，也只有她，不嫉妒、不羨慕、不冷言，而是真誠的提醒如晞未來之路可能多麼坎坷多舛。

七月中旬，暑輔開始了！

老師、學生都回校上課了！

校園裡又開始人聲鼎沸！

如晞開始與唐穎進行交接，座位從二樓學務處搬遷至三樓輔導室。

「恭喜如晞老師更上一層樓啊！」

「加油啊，你行的！」

人來人往的招呼聲中，有幾個人可以理解感受如晞的壓力。

準備好了嗎？

唐穎也從三樓輔導室搬遷至四樓國中部辦公室。

唐穎再怎麼長袖善舞、驍勇善戰，畢竟都還侷限在輔導室的業務範圍內，她榮獲友善校園輔導獎、所帶領的輔導室在校務評鑑裡，都是夏山各處室中成績最高分的翹楚，締造無數榮譽，想必是個自我要求很高的人。但是，過去輔導室的戰果，如今，身在國中部，全部都必須「打掉重練」！

現在，她與國中部導師、行政同在一個大辦公室，午餐也跟著國中生一起吃「營養午餐」，對唐穎而言也是一個全新的挑戰。

夏山當時的行政是國中、高中分流處理，「國中部主任」下設有教學組、註冊組、訓育組、生輔組，所以，教務、學務處只負責高中部業務，而輔導室則不然，必然負責全校性的輔導工作。

「如晞主任早！」湘文是校園裡第一位稱如晞為「主任」的人。交接過程中輔導組長湘文也來幫忙二位主任搬遷，協助將主任辦公室的檔案資料放置妥當。

這是如晞第一次跟湘文近距離接觸，以往帶班問題總是直接找唐穎諮詢，擔任校刊主編時的邀稿，與湘文間也僅止於討論稿件，這是第一次以「部屬」關係見面。

「湘文以後要請多多幫忙如晞主任，對於新進的輔導老師也要麻煩你費心指導了！」唐穎細心交代許多尚未完成的業務，請湘文接手續辦。

「好的，沒有問題，主任請放心！」湘文爽快的答應唐穎。朱湘文是個高個子，有著淺淺的酒窩與可愛的小虎牙，笑起來非常甜美迷人，校園裡好幾位未婚男老師都很喜歡接近她，可惜人家已經名花有主了，十月就要完成終身大事了。

「謝謝湘文組長，我是新手，處室裡的許多業務還不太清楚，往後還請包涵擔待！」如晞連忙道謝。

八月一日正式走馬上任，孫如晞每天早出晚歸，拜讀輔導室所有業務檔案資料，瀏覽唐穎電腦裡留下來的所有簽呈、實施計畫，期間還要規劃幾項年度大型校園活動，還有招聘新的輔導老師，整個八月馬不停蹄地工作著。

每天下班前，湘文都會與如晞晤談並彙整一整天的工作。

「謝謝湘文組長每天都在加班協助我早日進入狀況！」

「主任不要這麼說，這是我應該做的！」

「感覺壓力好大啊，過去輔導室在唐穎主任的領導下，校內校外締造多少榮耀，也是鐵校長最倚重的處室，我真的是頭皮發麻啊！」幾天下來，如晞與湘文逐漸熟悉，也逐漸能夠深談心中話。

「主任，不要說你的壓力大，我也覺得自己身負重任般，校長跟唐穎主任把新主管、新人、乃至整個輔導室都託付給我，不過，和過去的一年比起來，我倒覺得，過去的一整年才真的壓得人喘不過氣來！」湘文平靜地說。

這段話引起了如晞高度的好奇與興趣。「怎麼說呢？你們過往有好幾位老師一起做事，又有唐穎主任帶領著大家？處室評比，輔導室還勇奪冠軍呢！」

「不是這樣的，主任有想過為什麼輔導老師都走了嗎？」湘文反問。

「眾所皆知輔導室接下了太多鐵校長的改革方案、校內外大量的生命教育活動，所須動員的人力，早就超過輔導室的負荷極限，可是校長還是不停地釋出新措施，端出更多、更高難度的方案，唐穎主任一個人當然忙不過來，勢必分派給大家，我可以理解她的壓力也很大，可是，她總是好強、好勝，她無法忍受工作上的『不完美』、『有缺失』，無法跟校長說『對不起，我忙不過來，我做不到』，她的脾氣變得很不好，經常爆怒，連帶我們大家都遭殃。我現在暑假裡，每天還可以五點下班，以前我們經常是挑燈夜戰，做到九點、十點是家常便飯呢！」湘文說出積壓心中許久的怨氣。

「如晞主任，你可以想像唐穎主任經常對著我們發怒、拍桌、丟公文嗎？」

湘文的一席話讓如晞無法想像、難以置信。

「怎麼可能呢？唐穎主任總是那麼的優雅、善解人意，是我們導師的心靈補給站，經常給我們『心靈雞湯』，那，校長知道這些嗎？」

「當然不知道啊，誰會去告訴他？萬一被唐穎主任知道還得了？大家每天都還要見面，也須要這份薪水過日子啊！」

「如晞主任，我們一起努力，我相信輔導室沒有唐穎主任，還是可以做得有聲有色的，像你現在正在規劃的『大學教授中學開講』，你有辦法每週邀請大學教授來幫我們的學生演講，光這個計畫就夠強、夠猛了！」湘文最後給了如晞非常正向的肯定。

湘文的話雖然讓如晞感到震撼，不過似乎也是有跡可尋，至少，輔導室老師除了湘文，全跑光了是事實。只不過，湘文對唐穎的評價，讓如晞感覺很不尋常，頓時腦中浮現小嵐提醒她的話「空降」與「直升」的矛盾糾葛，暫且存在心底，留待「時間」證明一切。

這年暑假，夏山大舉招聘新老師，開學期初校務會議，校園裡一時之間「新」光閃閃，感覺上，新人快比舊人多了！

輔導室新老師也到位了，分別是已婚的陳淑莉老師、甫實習完成正式踏入教職的黃嘉華老師、實習老師魏姿萱等，再加上如晞主任、湘文組長，輔導室的「新尖兵團隊」一起跑開始。

各項業務的分工，經過如晞、湘文二人討論後，由如晞負責校長隨時交辦的專案以及輔導室最吃重的特教，其他的輔導室業務與課程，則由三位輔導老師分攤，實習老師則負責處室裡大小瑣碎事物。

一切看似準備就緒了，要到真正鳴槍起跑了，才發現哪裡還沒有準備好！處理「事情」不難，難的是處理「人」的問題！

輔導室不僅要幫全校師生處理親、師、生的三邊關係，自己處室內的「人」也有了些許問題。

空降vs直升

十月中旬，喝過湘文喜酒之後，便是長達二週的婚假。組長不在，當然是由主任直接統籌大小事，一切聽主任的，不是嗎？

但是，問題來了！

有國中部家長向學校投訴導師，認為導師對於他的孩子有偏見，幾次僅犯小錯卻以「小過」甚至「大過」懲處，想要調閱「輔導記錄」瞭解輔導過程。

「主任，為了保護當事人，通常輔導記錄是不能公開、不能借閱的！」淑莉老師直白地說。

「因為今天行政會議上，校長特別裁示此事，時間上也比較緊迫！」如晞回答淑莉的提問。

「還是我們等組長回來再決定怎麼辦？若很急，或者我們打電話問組長？」淑莉又說。

「淑莉老師，難道我不能作主嗎？校長的裁示不算數嗎？」淑莉的話讓如晞有些不悅。

「也不是啦，因為主任你非輔導本科系，校長也不是，所以我想說，還是先讓湘文組長知道此事！」

其實，如晞想到的是另一個「可能」的狀況。

以前曾經聽唐穎主任說過，每諮商一個case，不論是學生、老師、或家長，輔導老師都必須鉅細靡遺的紀錄下晤談記錄，也是耗費輔導老師最多時間的一項例行性事務。不過，開學至今快二個月，雖然她們經常跟學生個別諮商晤談，如晞其實很少看到三位輔導老師在寫晤談記錄，身為主任的她也從來沒有要求調閱大家的紀錄瞭解狀況，到底是「不能借閱」、還是「沒有寫下紀錄」、或者「記錄不夠詳實」？如晞心中有很大的問號！

再者，有幾次下班後，她們三人在晤談室「闢室密談」，即使知道如晞還在辦公室加班當中，也將她視為「局外人」，並未邀請如晞一起參加討論，至於討論什麼，不得而知，但是，如晞很清楚暑假裡交接期間自己跟湘文之間的那份革命情誼，已經因為二位新人的加入而「變質」了！

到底是新人改變了湘文？還是湘文在主導新人？

新進教師就像一張白紙，可塑性最高，對於主管的指示就是「遵命」與「服從」，現在反而挾著「專業」而質疑長官。

如晞忍不住打電話跟唐穎求救！

「輔導記錄在必要情況下，當然是可以調閱的！」唐穎聽完如晞的解釋後，如此回答。如晞相信唐穎說的應該是最客觀、準確的，因為家長首先找她國中部主任投訴，而行政會議上校長裁示時，她也在場的。

「湘文還在婚假中，別打擾人家了，還是我來跟淑莉老師打個招呼，畢竟事情是從我們這邊開始的！如晞不用擔心！」唐穎不疾不徐地說。

後面的幾個小時，如晞在上課、會議中忙碌著，一刻不得閒。

下班前，唐穎打內線電話來了！

「如晞，我已經拿到淑莉老師的晤談記錄了！」

「真的嗎？真是感謝萬分，還是你有辦法！」如晞連忙道謝。

「不過，這些晤談記錄寫得非常簡略，恐怕也幫不上多少忙！怎麼半小時、一堂課的晤談，寫下來的只有了寥寥幾句而已，換成是我，可能是上千字的紀錄呢！」唐穎的話中，有些無奈與惋惜。

於是，如晞跟唐穎分享了自己今天的猜測，果然被她猜中，「記錄不夠詳實」，或者可以說「根本沒有做紀錄」，而是因為今天被要求調閱，臨時抱佛腳趕出來的。

整件事突顯出一個癥結問題：

如晞太相信湘文了，當專業領域交給組長時，底下的人便不受主任管控了，加上新人若已經被洗腦「主任並不專業，專業的事交給組長」，她顯然已經被架空。而輔導老師的專業素養與敬業態度隱約中似乎也在下滑。因為，少了一位最專業的主管為輔導室把關！

該怎麼辦？

學期才剛起跑，該如何止血？

如晞手中的特教業務的確夠專業了，為了校內那十來位的特教學生，國高中新生自原校轉銜承接下來，畢業班學生送出轉銜給新學校，還有為數不少的校外特教會議、特教經費核銷等，對於「新手」的她而言，倍感吃力，何況要做好、做足！

她只能找唐穎求救了！即使二人都是工作滿檔，夾縫中也要抓到時間請益，除了最常問的特教業務、輔導室的點點滴滴業務外，還有，輔導老師及湘文的心態等，還好，唐穎都能不厭其煩的教導她。此時的如晞就像汪洋中的一條船，迷失航向，而唐穎就如燈塔般給了她光明與溫暖！

對於湘文，如晞還是有種種的不解！

「輔導老師」越來越讓她感到「莫名」、「莫測」！

她經常前幾分鐘還看到輔導老師跟某位老師、同學諮商懇談，但是卻常在當事人走後，評論是非，難道說方才的輔導時的懇切，都是「演」出來的嗎？怎麼好像四川的「變臉」劇？或者應該說「誠懇同理心的態度」是工作上的必備工具，晤談結束後，卸下工具後，還其本色自我。

難道，整個輔導室除了如晞跟實習老師外，都是這樣的邏輯在運作著！

上回晤談記錄事件，淑莉鐵定有跟湘文打小報告，銷假回來上班後，湘文更像是統籌輔導室的「山寨版主任」，如晞律定的處室會議時間，唯有她不遵守，經常在會議時間安排個案輔導，甚至要求使用如晞辦公室的專線電話（可以打長途與手機）與家長聯繫，並請主任迴避等等。

每回如晞要找她商討公事，她總藉故忙碌，或跟學生聊天，或者推託「不清楚」，讓如晞很難處理，更甚者，連二位新老師也開始如法炮製，一個輔導室猶如二個世界。讓如晞陷入空前的痛苦與無助當中！

然後，聽聞湘文帶著二位新老師去找鐵校長。

訴求是「輔導室須要專業的主管帶領」！

「校長，我們不是二級單位，為何不能有專業的主任帶領我們？」

這意味著「要唐穎主任回歸？還是由湘文『直升』？」

這意味著「輔導室是一級處室，如晞卻是三流主管？」

當這號稱「秘密行動」回傳到如晞耳裡，顯得格外刺耳與難堪！

「那就等著校長發佈人事命令吧！」如晞告訴自己。

但是，在校長做決定前，還是要把事情做好！

主管的高度！

早在暑假接下輔導室重擔後，如晞就經常週末假日到辦公室加班！

因為事情真的太多，根本做不完，加上鐵校長是個急性子，連假日都要開信箱收信，往往一個假日手邊就多了好幾個新的計畫要寫。

三位輔導老師總是準時上班，也準時下班！

對湘文而言，婚後，再也沒有「加班」這回事了！

所有的輔導室業務全都變成「慢活」，今天做不完，明天再繼續做。但是對於身為主管的如晞而言，怎能坐視「慢活成習慣」，為了怕開天窗，如晞乾脆自己做比較實在，既無須求助他人，更無須天天要盯進度，還可以更有效率節奏。

於是，輔導室有至少七成的實施計畫、簽呈都是由主管如晞起簽的，然後送其他會辦單位，然後送校長室簽核。

如晞瘋狂地工作，所有專案親力親為，走訪其他單位的協調、溝通，所有活動流程親自檢視，每天、每刻都是上緊發條，其他處室主管、組長不禁要問「如晞主任怎麼都是你自己寫簽呈？你們輔導老師呢？」

「她們在忙著輔導學生啊！」如晞總是笑著回答，感覺輔導室外的天空才能呼吸到蔚藍清晰的氣息，所以她也喜歡「到處走走」。

連續好幾個週末假日辦活動，如晞都是全程參與，也希望每項活動都是完美無缺。

但是，如此拋頭顱、灑熱血的瘋狂工作，讓她假日裡根本抽不出時間返回新竹探視偉易與孩子們，連週間偉易到桃園探視她，如晞也是整晚盯著電腦寫計畫。

甚至有幾次，偉易週間來桃園，為了怕打擾如晞工作，往往只留下幫她準備好的一週水果，人就走了！每天披星載月工作著，不知道自己為何而賣命？看著那充滿愛的蘋果、水梨、櫻桃等，如晞感覺自己心都碎了！

那疼愛她的偉易多麼無辜，著實被如晞冷落了！

「我還要這樣過日子嗎？」

「賣命工作，還是被誤解與『抹黑』，那何必再做下去呢？」如晞不停問自己！

第二天，如晞主動找鐵校長。

千言萬語不知從何開始，倒是校長先說話了！

「如晞主任真的辛苦你了！這學期你手邊好多專案活動，而你都能夠如期且圓滿完成！」

「校長過獎了！是大家一起努力的，我一個人的力量是無法獨力完成！」

「我有注意到，輔導室的簽呈有一半以上，甚至更多都是由你起簽的？」

「這些都是校長您交辦我的專案，當然是由我來寫實施計畫跟起簽！」

「如晞，『主管』要有主管的高度，不是大小事都要主管自己做，你可以交辦給底下的輔導老師，既可以藉此培訓她們的行政能力，也可以為你分憂解勞！」鐵校長說。

「報告校長，我比較駑鈍，能力也不足，實在對不起，讓您失望了！」如晞感覺自己答非所問。

「如晞，我並沒有失望啊！你也沒有對不起我，相反的，我看到了你的付出與成果，這半年來你辛苦了！就拿警衛室的出勤登記報告，我看到你每個週末假日都來學校加班，每次都是一整個下午直到傍晚，據我所知，假日你都要北上探視父母、南下探視家人的不是嗎？」

一提到家人，如晞再也止不住淚水，已經二週都沒有見到偉易了，只看到了他留下的水果；看到偉易對她的包容與支持；看到偉易對她的愛與關懷，更慚愧自己根本沒有扮演好「賢妻良母」的角色，感覺自己對偉易有萬分的愧疚！

如晞的潰堤，鐵校長看在眼裡，也了然於心！

「人，沒有十全十美，處室裡的輔導老師都很年輕，又有二位新人，我知道你的為難之處，交給我吧，校長會處理！」鐵校長給了承諾。

回想自己剛才根本沒有說到重點，離開校長室後，如晞還在教學區散步徘徊，先讓自己心情沈澱下來！

此時，校長室外，北側門的另一端，隱約傳來有人啜泣的聲音，如晞好奇回頭看，原來是國中部的白晨薇老師，她是唐穎國中部的註冊組長，也是夏山校園裡，排行前幾名的美女老師，她怎麼了？

過去一年，如晞曾經跟白晨薇一起負責校刊。

當時學校因為體恤如晞要同時負責創校五十特刊，而安排了新進的國文老師白晨薇支援跟拍報導國中部活動，感覺上她非常積極也很認真且有效率，所以鐵校長在這波人事異動上，也將她列入行政團隊，晨薇和如晞一樣，也是行政素人，這回她被安排在唐穎手下，如晞覺得和自己相較，晨薇真的幸運多了，既有唐穎的帶領，又有完整的行政團隊協力合作，不像她，在輔導室裡孤軍奮鬥。

「要去打招呼安慰她嗎？」如晞心裡猶豫著。

「還是算了吧，換做是我自己，此時此刻，我也會覺得再多的安慰也幫不上忙！唉，自己也是泥菩薩過江，自身難保啊！」如晞心中給了自己答案，這就是「同理心」吧！輔導室裡一天到晚都在提的。

隔二天的下午，校長秘書打電話告知輔導室全體人員中午到會議室開會。一群人來到會議室，才發現唐穎也在，另還有一位是去年的輔導室老師而今擔任國中部導師的葉如雪老師。

「唐穎主任，你是前任輔導主任，你先說說看，一個輔導老師的人格特質以及應該擔當的責任？」鐵校長表情嚴肅的提問。

「我個人認為輔導老師首先應該是一個『有溫度』的人，那麼個案才會敞開心胸與你交談、交心。所以，個案的舉手投足，包括眼神、表情、甚至肢體動作都是我們搜索個案當下情況的線索。當然，輔導老師就像是個案的『心情垃圾桶』，幫忙回收不好的情緒，並協助個案轉換成有用的能量，也因為如此，輔導老師心裡也會堆積過多的『心情垃圾』，須要清理。」唐穎的一段話，首先幫三位輔導老師的「闢室密談」搭了台階。

「如雪老師你也算是學校裡資深的輔導老師，你的看法呢？」校長繼續追問同一個問題。

「報告校長，延續唐穎主任的看法，我覺得輔導老師在工作上，必須有懇切的態度與同理心，但是，為了避免過多的『心情垃圾』影響到自己的生活，必須要『公私』有別，將工作與真實生活區隔開來，所以，輔導老師有時候難免給人『偽善感』，而她們高於常人的敏銳度，也不適於運用在真實生活」。如雪老師的一段話似乎也為如晞解答了為何輔導老師經常「變臉」。

「湘文組長你覺得身為輔導組長，尤其今年度新的工作團隊，從主任到老師，你的角色與責任是什麼？」校長依舊沈著臉問。

此時湘文早已泣不成聲也語無倫次，其他的二位輔導老師陪同在旁一同落淚。

這場會議，對「非輔導體系」出身的如晞而言，好難懂！

只記得那三位輔導老師哭成淚兒人，自己卻必須尷尬坐在那！

依稀記得校長最後的結語是「我希望輔導室團隊同心、同力，主任是負責行政管理，這與輔導專業與否無關，組長應該是帶領其他老師一同輔佐主任完成任務，而非處室裡七成以上簽呈都讓主任起簽……」

「如晞，難為你了，不好意思，沒有把湘文教好！」唐穎會後拉住如晞。

「謝謝你跟校長！我才覺得不好意思！給你們添麻煩了」如晞說。

奇幻漂流

會議後的戲碼就是湘文丟行政辭呈，如晞簽請慰留，校長壓著不批。

其實，如晞比誰都想丟辭呈！辭呈早就寫好了，但是必須六月才送出去，因為她不要當懦弱的逃兵！

說來也奇怪，之後一次的行政會議，鐵校長在會議資料裡特別公開提及如晞在輔導室的認真與付出，工作量遠遠超過僅負責高中部業務的教務、學務主任，特別幫如晞提升了「職務加給」，比照二大處室的「主任加給」。而此消息，自然會有人傳送給湘文知道……！

輔導室一切的風暴，如晞相信校長都看在眼裡，礙於「校長的高度」，他無法偏頗哪一方，但是，這樣的舉動代表著他「心如明鏡」！

對此，如晞並沒有一絲的喜悅，只期許時間過得快一點！盡快結束這場奇幻漂流！

這一天，如晞再次看到白晨薇在校長室外的北側門角落徘徊哭泣！

這一次如晞鼓起勇氣上前與她招呼，畢竟曾經共事一年，也算熟識！

「晨薇老師還好嗎？」

「如晞主任你也是，還好嗎？我有聽說了你們輔導室的風風雨雨！那些輔導老師也真是奇怪！」晨薇趕緊拭去眼角淚水！

「唉，我就是這樣了，再過幾個月就滿一年了，我可以準備下行政了！」

「我也是，可以準備下行政了！」

「為什麼？你們國中部行政團隊是最績優的，學校裡的『一級戰將』都在你們那裡了！」如晞不解地問。

「如晞主任你就是人太好了，哪有組長爬到主任頭頂上的！在國中部做事不難，但是要做到我們那位唐穎主任滿意就很難了！」白晨薇情緒較為平靜了。

「我們那位主任啊，喜怒無常啊，我們幾個組長常常被當面丟公文呢！唉，像我就很倒楣，常被主任歇斯底里的亂罵一通！每次被洗臉，心情都超級差的！」晨薇的這段話似乎呼應了很久以前湘文曾經跟如晞提過的狀況，也正因為如此，輔導老師出走跑光了！

「唐穎主任人很好啊！特教的業務都是她教我的，不然，早就開天窗了！可能她比較要求完美吧！」如晞幫唐穎緩頰。

「你跟她沒有利害衝突，當然不會被罵啊！尤其特別奇怪的是，只要校長來參加我們國中部會議，只要校長有稱讚過我，那天我就倒楣了！一定會諸事不順，簽呈必退！」晨薇非常正經地分析著。

「真的嗎？是不是你自己過於敏感？很難想像她在罵人、爆怒的模樣！」如晞還是感覺難以置信。

「你不信是嗎？我學一次給你瞧瞧！」然後晨薇有模有樣的模仿唐穎的說話口氣，頓時兩人的心情都好多了！往後偶爾遇到，也會彼此分享被長官爆罵或者如晞被底下組長撮洞的鳥事。

一年的奇幻漂流終於接近尾聲，如晞照規劃中釋出辭呈，也期待能夠回歸導師行列。

當導師，是目前夏山最單純的工作，大家搶著做呢！

當行政太可怕了，光鐵校長每天端出的大小改革「菜色」，就讓大家食不下嚥；當專任老師，又被大家戲稱為「『待退』回收場」，大抵是帶班、行政都難以勝任的老師；或者健康狀況不好；或者是藝能科、健體科老師，任教班級數眾多而每班每週堂數又很少，難以做好班級經營。

如晞還記得半年多前，自己還在猶豫是否接輔導主任時，跟小嵐討論過的「上台看能力，下台看背影美麗」，很遺憾，經過將近一年的考驗，顯然的「能力」、「美麗」都沒有！可以說是「非常不美麗」的回憶！

世事難料！夏山又再度變天了！

首先是「整併」，國中、高中部原本分流的行政，將整併合體為一，目的是降低人事成本，也讓全校更一致化，避免「一國二制」衍生的尷尬事件。此外，國中部主任也由一級主管調整為二級的「部主任」，等同高中部各科主任般。

不僅是行政整併，更勁爆的爆點是鐵校長要離開了！

講得再精準一點，聽說董事會沒有發聘書給鐵校長！

因為沒有被任聘，所以就必須走人了！

原因為何？

自然不會有來自高階的正式說法，校園裡依然如過去更換校長一樣，流言揣測四起！

有人說「鐵校長鐵腕作風太過強勢，第二年又走了十來位老師」。

有人說「鐵校長太過浪費公帑，不會珍惜董事會對學校挹助的資金，每辦活動車資、餐費、治裝費（每個活動都設計有專屬的T恤），開銷高過歷任校長」。

有人說「他太注重生命教育跟辦活動，造成學生讀書風氣低落，升學成績下滑；造成他校急起直追，不僅高中部如此，國中部亦然」。

無論如何，他離開夏山了！

接掌的新任校長，居然是張可為老師。就是那位曾經是舊校區末代學務主任，新校區第一代校長的張可為，低調沈潛幾年導師職後，張可為再次引領風騷。

鐵校長所創的「與校長有約」、「境教標語」、「校園綠美化」等，可為校長依舊延續辦理，代表著鐵校長的許多作為是有意義的。

唐穎主任回歸輔導室，擔任輔導主任；湘文依舊是輔導組長。

先前下台卸任的國中部李恩惠主任接任教務主任，回歸行政團隊。

國中部主任則由李恩惠主任指派當年國三畢業班資深績優導師呂靜盈老師接任。

如晞、晨薇也都回歸導師行列，校園裡的一切回復到過往的平靜！

執「髮」大對決

如晞離開導師工作已數年了，再次帶班，心中五味雜陳。過去締造的○○七奇蹟，能否再重現？她不確定自己能否勝任？眼前新制的機電科（過去為機工科）學生，全班都是男生，距離上一次的「男生班」已經好久了！感覺自己老了，生疏了，帶不動學生了！尤其，在經歷了輔導室一年的烽火後，感到身心俱疲，好像「武功」盡廢般！

而幾年前遷校，為了耳目一新，可為校長特別將班級名稱改為數字序號，隔年，隨著他的下台與改朝換代，羅校長又改回以往的科別＋年級＋班別，這次如晞的新班是機一○二班。

新生訓練一見面，哇！有染金髮的、長髮飄逸戴髮箍的、有帶棍棒上學的、有超級過動兒、有情緒障礙的ＩＥＰ、有說話超級嗆辣的火爆浪子等，看上去就是各路「英雄豪傑」齊聚一班。

「唉，顯然無法複製當年奇蹟了，至少也要平安順利，有些學生看上去真的非常不ＯＫ」，如晞跟小嵐抱怨著，顯然過去小嵐所擔心的「素質」與「滿招」

間的平衡，已經看出天平兩邊的消長，逐漸開始不太對稱了！

首先登場的就是執「髮」大對決！

教育部已經開放髮禁了，各大公校不再檢查頭髮長短，但是，對於注重學生服儀及形象的夏山而言，不染、不燙、不怪異、打薄、剪短、推高，依舊是夏山男學生必須遵守的不二法則，而如晞這個新班級，卻有著「寧可殺頭也不剃頭」的桀傲骨氣，讓她傷透腦筋。

先看看班上幾位護「髮」英雄，大家稱他們為Ｆ４：

金毛獅王羅育沂：頭髮又長、又亮，打從新訓初見面起，如晞便再三叮嚀他理髮、染黑，也跟父母溝通，家長都能理解，但是髮色依然沒有改變，而且儼然成為班上的「大哥」級人物，開學第一週就抽煙被抓，被教官狠Ｋ一支大過。

唇顎裂吳昱瑞：來自單親家庭的唇紅齒白高大帥哥，每天總要花許多時間整髮，將頭髮雕塑成猶如韓國花美男般時髦亮麗，臉上還打上粉底。很特別的是，這位同學出生時有著先天缺陷「唇顎裂」，就是俗稱的兔唇，還好媽媽從來沒有放棄過他，從小至今，經過無數次的微整形，包括暑假裡才剛完成的最後一次結合鼻樑墊高的上唇整合，他幾乎已經是完美的帥哥男神了，長髮猶如他的「護身符」，可以遮蓋鼻樑及上唇，所以打死不從，絕不剪短。

花美男馬子簡正麟：長相秀氣的美男子，是家中的獨生子、小么兒，父母親連生五個女兒後喜獲麟兒，只因為父親努力大半輩子的鋼鐵工廠，如今經營有成，希望他能繼承家業。據說，馬子是爸媽到處求神拜佛求來的兒子！耳聞夏山機電科在桃園首屈一指，簡爸特別指定他念夏山機電科。又因家住大溪，校車上學的第一站、放學的最末站，因此，馬子成了每天班上第一個到校的人，這點讓他非常無奈，幾次跟父母爭吵要轉學，都未獲父親點頭同意。他的家境富裕，關於美髮的用品，舉凡髮片、離子夾、髮雕等應有盡有。

毛哥胡志翔：因為天生自然捲，所以每天上學前，都要花至少半小時使用離子夾，高溫下讓捲髮服貼柔順，不過因為長期夾直頭髮，髮質嚴重受損，乾燥、斷裂，尤其上游泳課的那天，還要特別將離子夾帶到游泳池，盥洗時再夾一次！如果頭髮剪短，怎麼夾呢？

一個月一次的服儀檢查，每次都會有一堆人不合格，也不複檢，完全漠視校規，班上榮譽競賽更是敬陪末座。

學校為了整肅這群「頑劣」份子，特別給大家一週的時間整理頭髮，並請學務主任及教官到班上個別檢查，而如晞也特別電話通知家長請務必配合。

那一天，夏山高中上演精采絕倫的師生大對決：

首先唇顎裂的吳昱瑞先上演「神隱」戲碼，先將自己的桌椅搬到陽台外藏起來，然後將自己後面同學桌椅前移，製造出班上沒有人「缺席」的假象，這樣，就沒有「複檢」的壓力！不過，老天有眼，藏身在男廁的他，還是被學務主任發現活宰！以欺騙師長記大過懲處。

毛哥胡志翔戴假髮受檢，當然也被教官識破，同樣以欺騙師長記大過懲處。

金毛獅王羅育祈則因已經二支大過了，決定轉學！

其中只有馬子簡正麟在父親的嚴格督導下完成理髮。

事後，吳昱瑞對於自己在男廁被活宰的行徑，還在教室當場嗆爆如晞，認為是導師通風報信，學務主任才會巡察到男廁，天曉得，檢查的當下，如晞全程坐在講台前，想到被抹黑與冤枉，更讓她感到莫名的委屈跟憤怒。

機一〇二光一個「護髮大作戰」就虛耗班上太多的能量，更甭談課業成績的追求了。

大哥的生日會

麻煩事還不止頭髮，還有「金錢霸凌」造成的班級分裂！

班上有一位「大哥級」人物，孫紹峰。

手臂上有中過槍彈的疤痕，比班上同學年長一歲，他著實跟著桃園區黑幫大哥混過夜市、毒品等，接受過少年隊輔導，目前與媽媽同住，單親家庭。

當同學們逐漸知道他的過往，不但沒有歧視他，相反的，是用另類的「異樣」眼光「崇拜」他，奉他為「大哥」，機電科之神！每每孫大哥要去福利社、廁所等，身旁永遠不缺一堆「小弟」圍繞在身邊。

另外，班上有一位富家子弟林冠華，很闊氣有錢，但是人緣糟透了！

他抽煙，卻把煙藏在別人的櫃子裡，當學校安檢時，有事的是別人，即使大家都知道兇手就是他，但苦無證據證實，即使請教官盤查，他也打死不承認，甚至直指同學故意栽贓他。

他作弊，因為不用功，腦子也不太靈光，所以段考時，都花錢請成績好的同學用手機傳答案，因此，學期末結算成績他都過關了。

他用錢交朋友，得自於家境富裕，又是么兒，父母兄姐格外寵愛。長得高大胖碩，媽媽每天為他準備至少二－三袋的糖果餅乾零食，就是怕他肚子餓。不過，冠華往往將媽媽的愛心拿來與同學交換友情，此外，為了提昇自己在班上的地位，花錢顧用「保鏢」，也就是經常拿錢「孝敬孫大哥」。

十一月初的週末，天蠍座的孫大哥生日，機一〇二的小弟們私下「集資」為他慶生，在KTV訂了包廂，準備了生日蛋糕、啤酒等，打算狂歡一下午。人緣很糟的冠華不請自來，在大家聊天打屁之際，他已經默默地點歌、喝酒；當大夥兒要開始K歌時，才發現怎麼每首歌都是他的，麥克風被他一人獨佔，酒喝多了話就更多，胡言亂語地說著、哭著：同學都排擠他，在班上沒有朋友，你們為什麼不喜歡我……？

開心的生日會被沒有付一毛錢的不速之客林冠華搞成的「取暖會」、「告白會」，發酒瘋後的狂吐，讓大家忍不住揍他好幾拳，即使週一到學校後，還在為此事爭吵不休，因為後來為了清潔包廂與超出預計時間的包廂費用，弄到最後還是壽星孫大哥找他的拜把兄弟先墊付的。這筆帳共七千多塊，大家一致認為要林冠華「全額買單」，因為都是他在唱歌！

生日會的金錢糾紛，在班上悶燒快一個月！

如晞對於生日會一無所知，只覺得近日每堂下課、打掃時間就一群人圍在一起議論紛紛，林冠華、孫紹峰、馬子等人常爭得面紅耳赤，直到十二月某天下午，因為叫掃地無人回應，不得不到教室陽台一探究竟，居然目睹一群孩子一人一拳打在冠華身上……

「住手，別再打了，你們瘋了嗎？這裡是學校好嗎？搞清楚！」

「老師，你不要管這件事，當作沒看到、不知道就好！我們自己會處理好！」孫紹峰說。

「我怎麼可以當作不知道，今天你們揮拳，人家爸媽來問我，要怎麼解釋？說我不知道嗎？你們當人家父母都是笨蛋白癡嗎？」如晞心中一把怒火。

「我們不會打臉，放心，他也不敢說！」馬子幫腔。

「你們全部過來給我說清楚！我是導師，你們在我的班上撒野打人，我有責任保護每個學生，也有權利知道這件事的來龍去脈。給我老實招來！」如晞氣死了！

機電王朝掉漆了？

夜闌人靜下，如晞整理好生日會事件的輔導報告，翻閱孩子們上週的週記，這次她給大家的主題是「我們這一班」，想看看大家對於班上的看法與建議。雖然班上每天都是吵吵鬧鬧，但是依舊有「頭腦清楚」的孩子，冷眼、冷靜看著班級的發展，其中有幾則，讀來令人特別窩心！

型男：

每個人以快樂的心走進教室，再以快樂的心情下課，這就是我們班。而對我來說機一〇二，似乎已經是個溫馨的代名詞了呢！雖然上課說話常常大聲了點，雖然讀書差了點，不過我們都能以微笑面對每節上課，這就是我們班。一張張桌子，一面面鏡子，這也是我們班，怎麼說呢？我們班雖然全部都是男生，不過每個人都蠻在意外表的，所以常常因為鏡子被老師罵，不過這也成為我們的另類特色吧！師長對我們班期望也很高，常常說基測平均一七〇分的班怎麼秩序那麼差……（吳××）

義氣：

我們傳承了機電科的傳統，全校最「MAN」的機電科，在班上沒有所謂的「兒女私情」，只有「肝膽相照，重情重義！」也因為都是男生，每個人都特別有「個性」，但「個性」過了頭，卻是老師的「負擔」。機一〇二班，就是我們的代號，我們是一個團體，不分你我他，在新生訓練的時候，我們因為「團結」，拿到軍歌比賽的第一名。所以，我們是最棒的團體。（詹××）

團結：

每一班都有自己班的特色。而我們班的特色呢？就是「團結」，不管是做好的事，還是壞的，都是團結，也因為這樣，讓我們班的感情越來越好。有時候我覺得我們二年級時，會和其他班級不同，別班可能會有學長的樣子，而我們班恐怕是沒有，因為我們班「愛玩」，會在全校升旗時耍寶，但至少我們在榮譽競賽中得名，也是我們敢玩的地方，一方面是我們班團結，另一方面是我們班導教的好，辛苦的當我們班導，前幾天我們讓班導很生氣，我們太對不起您了，不懂您的用心，老師您辛苦了。

我們班雖然在生活榮譽競賽中都有得名，可是呢，我們是男生班，體育項目的獎項也得太少了吧！連別班都在嗆我們班際籃球賽也輸定了，但沒關係，我們會讓大家重新認識機一〇二班的～我們體育並不弱。（彭

××）

計畫趕不上變化，當如晞還在思索著如何向主任、教官呈報此事，林冠華的家長已經來到學校！

要求相關的學生道歉記過、要求學生家長也須列席並道歉、要求撤換導師並道歉！

天啊，如晞真不明白自己做錯了什麼？須要道歉、須要被撤換！

學務主任鍾大姊告訴如晞「家長認為導師知情不報，因為對他的孩子有偏見，常懷疑他作弊、抽煙，沒有為他的孩子主持公道；不只生日會，還有長期的『金錢支援』班上大哥級人物……，義正嚴詞指出了導師班級經營有問題。」

野火延燒至寒假，孩子們都道歉記過了，孩子們的家長也因應要求列席道歉了，但是，林冠華本人該如何重新面對同學？

事情爆開後，所有的控訴都由父母代言，冠華一直「神隱」請假缺課中，即使期末考，也由學校另派職員到家裡監考。那麼當塵埃落定後，他也該回學校上課重新面對老師同學。談妥了寒假輔導課回來上課，教官也經常到班上跟孩子們洗腦「放下」與「接納」，不可否認，孩子們很難做到，尤其在受到如此大的懲處之後，因為他們覺得所有的事情都是林冠華自己引燃的，何以肇事的他沒有任何一點懲處？

經過寒假的沈澱，為了不讓學校為難，如晞決定請辭導師了！

想想自己，過去一年在輔導室，再多的烽火都挺過去了，如今，卻挺不過「機電王朝」難關！

寫了一封信要送給孩子們：

給G一〇二的寶貝：

認識你們，我從不後悔……即使那是一種「走在刀鋒」上的滋味。

短短的五天寒輔帶給我們每一個人「震撼教育」……，不論你是否被捲入「事件」中。

週末假日裡，原想著該如何安排四堂自習課，第一堂用來選幹部；第二堂計劃用我們「榮譽競賽獎學金」吃鮮芋仙，學長強烈推薦的紅豆麻吉湯；第三堂辦一場「三對三」籃球賽、第四堂找機電二年級學長一起「尬球技」……，而……當一顆隱藏的地雷被不小心引爆後，所有的計畫都成為灰燼……。

如果這段震撼教育能夠讓我們省思自己處理事情的缺失〈包括我自己〉；如果能讓你們懂得「放開拳頭」；如果能讓血氣方剛的氣息與思緒停息……，那麼即使「成長」的試煉是如此艱辛與痛楚，都是值得的。

五天裡，我努力壓抑自己的情緒，看著同學一個接一個出事，你們絕對無法體會我的心有多麼痛，以及對你們的疼惜；同時謝謝你們對老師的關懷、體諒與支持，老師非常非常感動，「保護」你們每一個人〈包括冠華〉是我的責任，而我卻疏忽了太多……。

五天的試煉，在經過沉澱後，讓我們大家都重新開始，唯有「放下」與「接納」，方能走出這場「迷霧」，「真相」與「是非對錯」其實已經不重要了，莫去指責任何人，這是「一起長大」的故事，雖然，約定一起走過的三年，注定是跌跌撞撞，老師相信，這段「一起長大」的時光，日後會成為聊不完的「曾經」，因為，這是機電王朝的故事。

今天，是開學的第一天，請大家一起「災後重建」G一〇二，讓它在校園裡發光發熱，我們也許不是「課業」最好的班、也許不是運動場上的健將、也許不是各項比賽的常勝班級，但我們期許自己的成長與進步，當老師須簽字的「懲處單」越來越少時……，當任課老師們感覺你們對學業的用心時……，我們會是校園裡閃耀的一顆星。

期許與祝福我最疼惜的G一〇二孩子，「一起」、「平安」成長且畢業。

雖然孩子們極力挽留，如晞也覺不捨，不過，生命裡本就有太多事無法照著自己的劇本走下去！就當作「試煉」吧！

學校安排數學科資深老師陳霸天接替如晞，完全不同的風格，一個命令一個動作，做不到請走人，於是護髮如命的吳昱瑞、金毛獅王羅育祈、大哥孫紹峰等相繼因留校察看而轉學，F４裡只有毛哥、馬子存活下來（馬子升上大學後因意外身亡，留給父母無限的遺憾，爸爸只感嘆可能真是命中注定無後吧）！

至於引燃這波戰火的冠華，也選擇轉換環境！

曾經的「模範導師」，今日中箭落馬，令人難堪！

只能換著角度想，不如趁此讓身心靈休息、充電、然後再出發！

此事，讓如晞再次與輔導室接觸，再次面對唐穎主任，心中充滿「物是人非」的感慨。

至於唐穎過得好嗎？答案是「很糟」！

因為當她回歸輔導室之後，經過一學期的磨合與共事，唐穎能夠深刻體驗到如晞當時錐心刺骨的痛楚，湘文同樣對老主管唐穎「不埋單」！

輔導室的是非成敗自有他們承受！

倒是往後的日子，如晞與唐穎成了無話不談的好朋友，一起逛街、吃飯、談心，兩人共同的起因還是來自湘文「攜家帶眷」地去校長室投訴唐穎。

組召新任務

為了讓夏山國中部更多元發展，也創造特色話題，更重要的是拼出升學亮麗好成績以及滿招，不僅滿招，還要招「好」（意即招收優質新生），追求量足質精！尤其在秋水中學的高升學率之下（高中部成績直逼桃園區公校第一志願冬陽高中，國中部也不遑多讓），上任不久的教務處李恩惠主任向來點子不少，配合即將開始的十二年國教，她提出讓國中部新生適性發展，分流學習的新點子。

因為還處於「點子」狀態，所以學校召集了幾位來自不同領域的專任老師一起規劃，在接替唐穎的國中部主任呂靜盈帶領下，使之落實！初步設定了數理、語文、資訊、人文、美術、音樂等領域組別，各組組召負責設計國一每週二堂的課程，無關升學、無關成績，就讓孩子在輕鬆無壓力的情形下，在「遊戲」中開心學習，探索適性與潛力！

而學生的分流，由新生入學時填寫組別志願順序進行編班，讓有共同志願的孩子在同班一起學習。

此時夏山國中部已經營十年，十年的努力，讓原本每個年級五班的小規模擴大至十一個班級，國中部規模、學生人數已經超過高中部，但是「量」大，能否「質」精呢？這是夏山須要再努力的部分，大家很清楚「質」在下滑中！

在少子化危機及私立學校百家爭鳴的競爭下，期望滿招、期望學生好素質，除了高升學率外，就是「創新」！須要別出蹊徑，締造出一條不同於對手的生路，夏山這回出險招，不再侷限在「成績」，而是快樂、適性學習。

還來不及走出機電王朝的陰霾，四月份起如晞被安排擔任「人文組組召」，規劃人文組所有課程、預算、以及「組召團隊」所有文書工作及對外宣傳撰寫新聞稿。完全「新」的任務，還處在「起步」、「探索」階段，其中只有「撰寫新聞稿」是過去接觸過的業務。

經過三個月的籌備後，八月份正式上路，第一年，的確帶給孩子跟家長許多的驚艷！

「可為」出局，「如來」接手！

正當學校逐漸步上新軌道，特色課程也正如火如荼地進行，十一月間，可為校長連續二週以上沒有到校上班、主持升旗及各項會議，大家才正苦悶「怎麼校長出差這麼久？」、「這麼爽，出國度假嗎？」

都猜錯了，是「下台」了！

這回不僅是下行政不當校長，而且是在「學期間」走人，任期僅短短一年又四個月，這可非同小可了！

除非他真的「觸犯天條」！

當然，大家也不知道可為校長觸犯哪一款天條！

校園裡雜音不斷！

聽說是「桃色風波」！

感覺上，夏山董事會、董事長、幾位董事們，最無法忍受的就是「失格」，對婚姻不忠、對公費財務不實，可為校長到底踩到哪個紅線？

可為校長連夜撤出校長室，遺缺由教務主任李恩惠暫代！

董事會則用最快速度為夏山物色新的校長接班人！

雖然大家對可為校長感覺非常惋惜！

遺憾的是，來不及與他道別說再見！

經過了幾個月的空窗期，新任校長到任了！

他是歐陽如來校長，甫自公校退休的校長，也曾經擔任過桃園第一志願冬陽高中教務主任，對於「教務」既熟悉也擅長。

董事長親自到校佈達校長人事案，也宣布夏山基金會每年將挹注千萬協助校長推展校務及擴增設備，這應該是董事會對歐陽校長的禮遇及期待吧！

歐陽校長與鐵校長最大的不同點在於，鐵校長是雷厲風行的急性子，改革手段大刀闊斧不講人情的；而歐陽校長則不然，沈穩、低調、說話不疾不徐，大家猜測他屬於陰柔、權謀類型的主管。

不論高階如何變動，對於基層的老師、學生們，依舊是上課、考試、升學，日子並沒有明顯的改變，既然無力扭轉校務，就平常心過日子吧！

歐陽校長上任一年內，沒有任何改革，也沒有任何人事異動，他在靜靜、默默地觀察大家，瞭解夏山及每一位老師。

李恩惠主任是最常跟歐陽校長報告校務的人，一來她代理校長的幾個月來，有諸多校務須要交接，包括她最引以自豪的適性發展特色課程；二來恩惠主任希望歐陽校長能夠盡快進入狀況，她甚至依據教職員名冊，一一跟校長說明與介紹每一位同仁。

這種介紹模式難免摻雜個人主觀意識，還好歐陽校長都只有「聆聽」跟「觀察」，否則，在恩惠主任的「愛」與「不愛」之間，很容易因此貼標籤、定生死。

如晞除了擔任組召規劃特色課程外，也同時擔任校刊副主編負責國中部活動報導與側訪（先前因為擔任輔導主任，校刊主編已交由其他老師負責）。一個高中部國文老師，在完全沒有國中部課務下，負責規劃國中部特色課程及活動報導，也許是上級「刻意」的安排，也許是順其自然，如晞就這樣開啟「跨部」的行政範疇。

整個適性發展與特色課程的新概念，在組召們及行整團隊的努力下，於國中部的校務訪視中獲得委員們很高的評價，甚至於次年四月，由歐陽校長主持辦理動態的「適性發展聯合成果發表會」，提供孩子上台展現的機會，同時間靜態展示各組學習檔案。

台上的光鮮亮麗，是各組的組召們費盡心思設計，培訓孩子上台展現自我的成果。尤其是「第一代」組召，肩負著「創新」的使命，篳路藍縷，很幸運的，讓夏山的國中部創造出多元學習的新話題。

恩惠主任更指派如晞負責統整特色課程成果，準備參加「教學卓越獎」比賽。雖然組召新任務讓如晞重新過著馬不停蹄的忙碌生活，但是能夠從「機電王朝」的失敗中重新站起來，對如晞而言意義非凡！

至少，這一次做的是她可以掌握的事，即使忙碌也能樂在其中。

微調人事

特色課程進行到第三年，各組間有了些消長與異動。

原本是標榜快樂學習，無課業、無壓力，且完全與「正課」脫鉤。不過，家長們在「升學」的意識下，主導了孩子選填的志願，例如數理組（主課程為理化、生物的實驗）、語文組（主課程為英文、日文閱讀與會話）是最熱門、最主流的組別，演變成入學分數高者才可進入主流派組別，二個組別各有三或五個班級，而如晞的人文組（主課程為創作、人文社會）則因為非升學的熱門科目，顯得門可羅雀，一個班都招不滿。

怎麼辦呢？該有些改變了！

因此，如晞勇敢地建議歐陽校長將人文組課程合併至語文組，使之中、英、日文並行，這是如晞第一次面對面接近歐陽校長，「小蝦米」在面奏「大鯨魚」

之前，已經先把自己經歷二年的心得與相關數據彙整後傳給校長瞭解，而校長也在拜讀後給了如晞友善的回覆。

歐陽校長告訴如晞，自己已經有注意到人文組的為難之處，並非課程不夠吸引人，相反的，如晞安排了新詩新唱、認識五四文青、玩一手掌中戲、製作手工書等都是非常有創意的課程，如果將其併入語文組之中，顯然會更亮眼，課程內容也會更厚實。

但是，歐陽校長希望如晞除了組召、副編之外，能夠再多一項「任務」，就是負責規劃「閱讀」課程與活動，培訓校內「閱讀種子教師」。在高中部方面，請如晞加入「優質計畫」團隊，撰寫計畫為學校爭取閱讀經費；而在國中部方面則落實「閱讀課」，徵集閱讀文本，撰寫閱讀教案等，這是一個讓人聽了直接「理智線崩潰」的任務。

「報告校長：關於閱讀，這是大家應該注重的未來的趨勢，我幫忙沒有問題，但是『閱讀』領域不是應該由圖書館的劉館長規劃嗎？我一個小小的國文老師掛帥統籌，感覺上名不正、言不順，也是對圖書館的劉館長不尊重，感覺不太恰當。」如晞提問。

「劉館長目前還有更重大的任務，就是要協助規劃新的圖書大樓與建置，何況，她是職員幹事出身，沒有『教師』身份，無法參與優質計畫的撰寫，其次，她也沒有真正教學現場的經驗，如何規劃呢？所以才邀請如晞老師協助閱讀的部分！我讓小嵐協助你，當你的後盾！」聰明的歐陽校長先將二位好朋友擺在一起合作國中部的閱讀課，讓二人都有安全感，原來他早已觀察到這二位好朋友的情誼。

歐陽校長來夏山後，按兵不動一年多，現在，他開始動手「微調」人事佈局。首先，國中部主任改由沙小嵐擔任，原本的呂靜盈主任回歸導師行列。和如晞同樣的狀況，小嵐是高中部數學老師，在沒有國中部課務下，擔任國中部主任，這樣的安排讓大家有些匪夷所思！

何況，在此之前已經有不少老師向校長毛遂自薦，願意為學校付出更多心力，或者薦舉校園裡熱心又熱血的新生代老師擔當此重責大任。不過，校長卻執意請向來低調且已表明下行政的小嵐擔任。這一點，讓大家看不明白，小嵐何以如此受到校長的青睞與厚愛？應該說，小嵐的樸實、勤勞、行事低調、不出風頭、從不刻意行銷自己的人格特質是大家有目共睹的吧！

「小嵐，你是否還記得多年前，我們一個要去輔導室、一個要去普通科時，曾經說過跳火坑、糞坑的事？」如晞問。

「當然還記得啊，結果事實證明你的輔導室真是個『大糞坑』啊，即使現在事過多年，唐穎主任跟湘文還是水火難容！你真要阿彌陀佛已經脫身啊！看看現在，湘文組長還不是帶著輔導老師去找歐陽校長，指證歷歷數落唐穎主任的種種不是，還不是要求換主管，老戲碼了！輔導室的戰火已經燒了好幾年了，而且全校皆知！」小嵐感慨地說。

人事微調第二步，就是唐穎主任下行政，從單純的輔導老師重新開始，而朱湘文則調離輔導室，擔任學務處訓育組組長。看得出來，校長有意將唐、朱二人區隔開來，並「空降」教務處的李恩惠主任擔任輔導室主任，以停熄內訌，負責重新整頓輔導室。

校園裡有不少老師好心提醒英文科老師出身的恩惠主任，還是別淌這場渾水了！何況又不是學輔導，「別讓當年的如晞事件重新上演一次」，原來那段「刀光劍影」的過去，老師們記憶猶新。

分開對二人都好！否則，再廝殺下去，輔導室過去的榮譽事蹟都快被殲滅。

可是，對唐穎而言，情何以堪？

看到新學年度人事公告後，如晞第一時間趕著到輔導室找唐穎！

面對這位她最尊敬的主管，經歷過這幾年的折騰與煎熬，湘文的確造成她很大的不快樂，但是，局外人實在無法理解究竟為了何事、何人？關係弄得如此狼狽不堪！

「主任還好嗎？」如晞問唐穎。

「我可以接受『下行政』的人事令，行政上上下下的，原本就是家常便飯，不當主任沒有關係，但是，沒有任何人知會過我，校長、人事主任都沒有，或者告訴我『做錯了什麼』，如果你是看公告才得知，或者路人甲乙來告訴你這個消息，如晞感覺如何？」唐穎有些激動，可惜如晞愛莫能助。

「我有一種被羞辱的感覺！」

「主任千萬不要這樣想，夏山的文化可能就是這樣吧，我們又不是第一次碰到，以前我也是出國回來小嵐告訴我要到輔導室的，想翻盤也沒有成功，輔導室一年的奇幻漂流，是段『不美麗』的回憶，根本不用去回憶了！」如晞苦苦安慰唐穎。

「如晞，我們的狀況不一樣，當年你是『上任』沒有被告知，而我是『卸任』，卻不知道自己『做錯什麼』，唯一可以解讀到的是長官對輔導室的觀感很糟吧！」唐穎自我解釋。

「現在，我們都是『小蝦米』老師，你可以跟大家一樣經常聚餐、逛街、出國等，會有截然不同的生命！像我就很清楚自己不是『行政咖』！」如晞說。

「其實如晞非常適合作行政，你做事細心嚴謹、井然有序、任勞任怨、創意點子又多，與生就有的『行政魂』，只能說輔導室不適合你，但是不代表每個行政工作都不適合喔，我還是非常看好如晞的！」。唐穎還是一如往常給了如晞很多正向的能量。

「主任，你一直是我生命中的伯樂，雖然我也談不上是什麼千里馬，但是你瞭解我的人格特質，深知我的工作態度與堅持，正如當年將輔導室交付給我一樣，我非常感謝您！」校園裡老師之間有時為了成績與班級表現，難免明槍暗鬥或者暗中較勁，真正的「純友誼」未參雜「競爭」色彩就顯得格外稀少，且讓人更加珍惜！

唐穎與如晞二位老師，從過去有尊卑的部屬階級，重新開始新一段的友誼，尤其在唐穎的心情調適上，如晞給了她很大的溫暖。

第六章——落日

繪者吳子婕

尚方寶劍！

一切都如歐陽校長的安排！大家就定位了！

新學期小嵐是國中部主任了，她已經是歷經不少行政職務的資深老師！如晞呢？組召（協助規劃語文組的人文課程）、校刊副編（國中部所有活動與榮譽事蹟的發佈）、閱讀計畫總召集人，事情很多，分屬教務、學務二大單位；職務很卑微，因為並非正式「行政職務」，而是夏山依據實際須要創造出來的「類行政」，職務加給「零」，基本堂數減「二個鐘點」，津貼「聊勝於無」，但是要做好多事。

私校向來人事較為精簡，老師超時數多，外加輔導課、晚自習、週末假日留讀等，燃燒大部分的時間與體力，薪水看似很多，不過算是超時工作的血汗錢。所以私校老師不似公校老師，課務少，可以有時間參加教學社群、校外研習，尤其教務處行政須要配合教改開發新課綱、設計多元選修等，對於課務繁重的私校而言，是非常大的負擔。

再忙，還是要使命必達！

如晞規劃的「晨間寧靜閱讀」真的實現了！

如晞運用了自己撰寫的優質計畫每年二十萬的購書經費，還有董事會挹助的經費，感謝圖書館劉館長的協助，大量購置新書，經過編目後，讓一、二年級每個班級都有「活動式班級書箱」，保持六十本書籍在教室，以便學生可以隨時閱讀之用。

此外，另規劃「閱讀角」，各班教室、校園各地方，隨時都有書提供孩子閱讀。

晨間閱讀的概念，開始在校園中實施！

感謝歐陽校長對閱讀的支持，全力相挺！他下令全校早自習只有「閱讀」，沒有「其他」。

換言之，要大家（含導師）利用這短短的二十五分鐘時間，沈浸在文字當中，不安排小考、不寫作業、老師不批閱聯絡簿、不要處理班務等，讓全班師、生共同享受一天寧靜的開始。

為了貫徹晨間閱讀，如晞與劉館長每天早上巡視全校各班，歐陽校長也會帶著書隨機到各班一起參與「寧靜閱讀」。

為了讓老師們更清楚閱讀的重要性與推動的方式（類似Know How & SOP），如晞先在校內貼公告招募「閱讀老師」，無關科別、領域，只要有心，人人都可以成為閱讀老師，非常幸運地，招募到了二十多位國高中部老師，其中包括了綜合領域的輔導老師唐穎也報名參加，用行動表示支持如晞的閱讀活動。

第二步則是辦理了一系列的「閱讀種子教師培訓」，運用優質計畫的講師經費，邀請校外專業講師蒞校進行長達三個月，共計六場十八小時的培訓課程，其間有二場是跨越暑期舉行，歐陽校長六場研習全程參與。

歐陽校長的參與，給了如晞莫大的鼓舞，知道自己不是孤軍奮鬥，明白校長是力挺閱讀的，有了校長的加持，再多的困難與辛苦都值得，老師們都盡量配合幫忙，如晞見證了「風行草偃」的力量，她知道，在推動「閱讀」上，歐陽校長已經將「尚方寶劍」悄悄給了她，只管發揮，而無後顧之憂！

研習過程中，講師曾經跟大家分享「募書」的概念，各班規劃教室裡的「閱讀角」，成立小規模的班級圖書館，向家長、學生募書（或募款），令如晞很感動驚喜的是，「募書信」不再是紙上談兵，而是真實的發給家長與孩子們。

老師們在「募書信」中說明學校將推動閱讀的決心與信念，以及說明「閱讀理解」是孩子未來非常重要的「軟實力」，是跨越升學、可以帶著走的「軟實力」。

推動閱讀路上，當然不可能完全順遂，尤其越是資深的老師越難以接受早自習用「閱讀」取代「小考」，先輩們認為多算一題數學、多背一個英文單字，都比「閱讀」來得立竿見影，因為閱讀能力的提升，短時間內無法量化、也難以數據化，成效甚至可能是在五年、十年之後。

有趣的是，各班導師在閱讀的經營上也因領域不同而展現不同風格，例如語文、社會科老師比較願意經營「閱讀」，讓孩子們能夠每天都馳騁在文字當中，他們的班級有了「閱讀角」，也募到了更多的「班級書」；相反的，數理科老師可能對數字很敏銳，但對文字較為無感，無論如何，夏山的晨間時光，已經是寧靜的校園，閱讀已經逐漸步上軌道！

留住優質小夏山

繼人事、閱讀之後，歐陽校長還有一項改革，就是運用董事會挹注學校的資金，制訂「升學獎學金」，鼓勵「小夏山」（國中部）的孩子們直升夏山高中部，企圖用獎學金與熟悉的環境吸引孩子延續「夏山情緣」。

而為了能留住優質小夏山，更制訂優渥的升學獎金制度，例如，模擬考成績達前三志願同學，若選擇直升高中部，六學期學雜費全免，且每學期另頒發獎學金，金額依其成績不等。

此舉的目的是藉此提升高中部新生素質，日後方能締造更亮眼的升學成績，尤其是普通科，列強環伺，像冬陽、秋水等學校，是夏山一直苦追不上的；鼓勵直升與頒發升學獎學金，不僅是針對優質小夏山，另方面，在少子化衝擊下，各私校招生愈顯困頓，若能在自己學校內保留部分直升名額，也舒緩大家的招生與學校的財務壓力。

除直升外，針對來自校外的優質高一新生、乃至國一新生，例如領有市長獎、議長獎等的小六、國三畢業生，夏山的獎學金制度同樣也很優渥。而這項措施，經過學校辦理的一系列招生、升學說明會、廣告文宣、入班宣導後，的確發揮了效應，由小夏山直升的學生逐年成長，而來自校外的新生在「質」的部分也相對提升。

經過歐陽校長幾年的苦心經營，夏山逐漸攀升至桃園區私校中段班（職校則為前段班），校務步入正軌與穩定，學生流失與老師們的離職率都大幅減少，夏山高中師生終於擁有一位真正愛夏山，願意與大家一起打拼的長官，他是一位獲得親、師、生一致認同的校長，擺脫過去「夭折」的魔咒，過去幾年的夏山校長往往學生們都還不及認識他，就已經折損下台，有畢業學生打趣說「在夏山三年，換三個校長」。

歐陽校長任內，是夏山遷校後最「雲淡風輕」的歲月，但願就此解除魔咒。

真金不怕火煉

有內涵、有實力的人絕對是禁得起考驗的！

每年新的人事安排，歐陽校長也會重新檢視！

唐穎，幾年下來重新經歷了輔導老師、輔導組長的激盪；朱湘文，經歷二年的訓育組長後，也離開行政成為單純專任老師，除任教外，不再擔任輔導老師，因此辦公座位安排在「專任老師區」，不再隸屬於輔導團隊，讓唐、朱二人不再「同室」。

這一年，三月間，董事會忽然發布消息：「四月一日起李恩惠主任即將由輔導主任轉任為副校長」！

向來高調的恩惠主任為了即將來臨的新職務，大張旗鼓地為自己尋覓新的辦公室，要求會計室將空間讓出，並將其更名為「副校長辦公室」。

人事命令才公布半個月，董事會居然上演「收回人事令」，四月一日原本是李恩惠主任上任副校長的日子卻變成她黯然神傷辦理「退休」的一天，大家唯有霧裡看花，沒有人清楚到底發生何事？

難道是四月一日愚人節的玩笑嗎？

或者，又有「吹哨者」向董事會爆料恩惠主任不為人知的八卦嗎？

跟金錢有關嗎？

經歷過好幾次人事變動後，大家似乎也不再有好奇心去打聽八卦！

而輔導主任的遺缺，就由輔導組長唐穎代理，三年的歷練，唐穎重新擔任輔導主任，其中心情「如人飲水冷暖自知」。

「唐穎主任，三年前我在沒有事先告知的情況下將你換下來，過程中我有疏忽的地方，很抱歉，讓你受委屈，但是，請相信我，當時在我心中只有一個念頭，就是平息輔導室的紛擾」歐陽校長約談了唐穎，並說明早該在三年前說的話。

「我要說明的是當年這樣的決定，第一我沒有惡意；第二我希望你能沉澱下來；第三我將湘文調離輔導室，區隔你們二人；第四我請『空降』外來者恩惠主任擔任主管，希望藉此能平息輔導室的紛擾，我想，時間已經證明一切。而今天特別找你，是希望妳能接下輔導主任重責，輔導室不能沒有主管，何況妳的專業與資歷，老師們都很讚賞。」歐陽校長懇切的話，讓唐穎三年來的千言萬語化為一句「謝謝校長！」

不可否認，這件事讓唐穎心裡著實「不舒服」了三年，的確有怨，今日的對話讓唐穎不得不「一笑泯恩仇」，而要擔任長官或者一級主管就是須要這樣的「大器」。

得知唐穎的好消息，如晞也為她感到高興。「主任，真金不怕火煉，我覺得校長其實心裡是很清楚的，只是礙於他是身為『校長』，不可能選邊站，或者表態挺哪一方，他必須要公平，你就不要再跟他計較了。」

至於如晞自己呢？當了幾年的組召、主編（去年又從副編回歸主編身分）、閱讀計畫總召集人，身兼三職蠟燭三頭燒，總希望能夠下行政休息，這次如晞選擇以電子郵件的方式先「投石問路」，希望校長能夠讀懂她的心意。

「Dear大佛，擔任組召、主編好幾年了，可以讓我暫且休息一年嗎？」信件中還細述其他工作難處與瓶頸。而歐陽如來校長因為名為「如來」，長相慈祥經常笑容滿面，學生們幫他取了綽號「大佛」，意思就是「如來大佛」，時間久了，校園老師及學生都經常這樣稱呼他。

「如晞好，謝謝你辦理校刊生活報及執行閱讀計畫的辛勞，看在眼裡，點滴在心裏。你做事細膩，追求品質認真的態度，很讓我個人的激賞。再次跟您表達感謝！此外，學校即將過六十周年校慶，我非常希望你能幫忙規劃『甲子書』，並負責編製，校長希望也需要如晞的幫忙，至少在未來的一兩年內，此事我們當面再議。」

大佛應該是歷年來人氣指數最高的校長了，為人實在、謙卑，即使對於如晞這樣一個「小蝦米老師」，他都會看到優點，也不忘讚美與肯定老師們的付出，這一點是其他校長所不及的。收到校長的回覆，讓如晞再次陷入兩難的情緒之中。

明知道若接下甲子書任務，十年前做五十周年特刊時的那種忙碌與無助，歷歷在目，不僅是甲子書，原本的工作依舊照做，簡直又是一個讓人直接「崩潰」的任務。她也知道大佛校長是她的「伯樂」，雖然丟了許多任務給她（何況有些應該是圖書館的工作），但也代表校長給了她很大的空間揮灑以及高度的信任，想想，學校裡並不是每個人都能獲得長官的認同與賞識，也有一群「懷才不遇」的老師蠢蠢欲動，苦苦等待機會降臨！

繼承者

不知道是否跟李恩惠主任的離開有關？

在四月一日收回副校長人事令後，另有一項來自董事會的訊息，就是原本的老董事長宣布退休，將企業與學校都交給總經理，也就是他的大兒子鍾恕光。

繼承者鍾總因為對於校務不甚清楚，又因為忙於兩岸各廠的業務，無暇了解，所以指派了一位財務經理傅全斌常駐學校，除了協助鍾總了解校務外，並參與校內大小會議，另方面也賦予監督之責，避免基金會挹注的經費被浮誇濫用。

董事會這項新的人事安排，在校園裡並無太多人注意到，大家沒有留意到有一位財務經理傅全斌已經默默進駐校園，用他銳利的「鷹眼」觀察校園的人事物；用他的精準的計算機檢視所有的帳務。畢竟大部分的老師並非行政，檢視帳務與大家也無直接關係，何況長期以來老董從不干涉校務，對學校經營向來就是提撥資金挹注（例如興建圖書大樓與教室）與信任。

「春江水暖鴨先知」，夏山裡誰最先知財務經理的威猛？出納、會計、總務及校長。

因為所有的採購案傅經理都要參與，也要求貨比三家及議價；所有的請購單據他都要求附上簽呈或者原始請購申請，包括教育部或國教署補助的經費亦然；出差或研習，依據研習起訖時間點由辦公室或自家出發與返回，不可因為研習無故一整天不進辦公室；只有校長及一級主管能搭乘高鐵，其他教職員則須自行支應高鐵費用或者搭火車，自行開車者不支應停車費用。

一時之間，許多簽呈、核銷單都被卡關，即使校長已經批可，也會被退件，或者被壓案。領不到經費做事，許多事物因此停擺或延宕。此外，傅經理對於部分行政人員也頗有微詞，他認為學校裡的幹事職員，大多是二十年以上的資深人員，平凡的學歷、平庸的能力，卻仗著有「人事背景」而態度鬆散，領著高薪（高於一般上班族甚多）又和老師們一樣享受寒暑假，這些人若在業界，如此這般的處事態度、品質、效能，早被淘汰了！

然後，大家終於逐漸意識到學校多了一位財務經理！這是傅經理到任三個月後。

經過了三個月的了解與蒐證，傅經理跟鍾總的報告「學校的財務亂七八糟，出納不會作帳，人員鬆散，冗員過多，人事上需要大幅『瘦身』，升學獎學金發放太過浮濫，浪費董事會所挹注的資金……」。

每年五、六月就是人事異動布局的開始！

可能鍾總交由傅經理全權處理校務吧！

傅經理出手的第一劍：

揮劍「斬首」他認為已經「尸位素餐」數十年的人事主任、會計主任，理由是二位主管並未如公校一級主管通過國家級公務員高等考試，卻要求學校比照其職務支領相同的薪水。

七月，傅經理出手的第二劍：

全新的一份人事安排，一、二級行政組織幾乎重新洗牌了！

而且沒有任何人被事先知會，公告一發布，事情就是這樣了！

比較引人矚目的二則是：朱湘文是學務主任、孫如晞是圖書組長。

正如多年前暑假自雲南度假回來，被小嵐告知派任輔導室的翻版，如晞這一年甫從新疆回台，再次在機場接到小嵐來電！

「如晞，你趕快上網看公告，你被調到圖書館了！」此時智慧型手機已經問世，不僅手機上網方便，賴、臉書、推特的普及，掌握訊息越來越快速。

「為什麼？」

「學校都快抓狂崩盤了，還不是那個傅經理，根本搞不清楚狀況，還有更勁爆的呢！那個朱湘文，是未來新任的學務主任，你說妙不妙？一個從來沒有當過導師的人要當學務主任，你看她要怎麼帶領全校六十多位導師？唐穎主任應該會是第一個跳出來翻桌反對的人！」

「那原本的劉館長呢？她要去哪裡？我還要做校刊主編嗎？我還要負責甲子書嗎？」如晞好奇地問。

「劉館長要去管廁所了，她是衛生組長，至於原因為何，就有待你自己去了解囉，我只是好心趕快通知你，至於你剛才問的其他工作，依據我的認知，應該還是由你負責吧，現在是什麼時代了，傅經理說人事費用太過龐大，幾乎要壓垮學校了，所以要『瘦身』，以一抵三，未來你就是身兼三職，圖書組長（含閱讀計畫總召）、校刊主編、甲子書總編，而且只領圖書組長職務加給呢！哈哈，如晞，我只能祝你好運了」怎麼聽起來小嵐好像有些幸災樂禍。

「你知道這三項工作，以前劉館長只要作其中一項而已嗎？就是圖書組長，而且還不包括閱讀計畫，這部分還是我幫忙做的！如果要同時擔任三項工作，直接跳樓或辭職比較實際吧！」如晞心中好怨。

「所以人家才說要進行人事『瘦身』啊，相形之下，你的ＣＰ值比劉館長強太多了，她就是被傅經理歸類為挾著『背景』的資深冗員吧！」小嵐這麼分析。

「可以不答應嗎？可以翻盤嗎？我只要做個小小老師、小主編就好了！」

「劉館長也不想去衛生組啊，你想想書跟廁所，哪個難搞？哪個辛苦？你出國的這幾天，她已經去找大佛哭訴很多次，大佛也真的幫她去協調，何況劉館長向來就仗著自己是大佛老婆的姊妹淘，跟大佛又情同兄妹，早就在學校裡得罪很多人，人緣也很差，這次傅經理找劉館長開鍘，也許就是很多人看不慣劉館長的種種，去打小報告的！」

「而且，我相信大佛也好、劉館長也好，他倆現在應該都把希望賭在你身上，最好是你也不願意去圖書館，兩廂都沒有意願下，讓傅經理收回人事命令，不過，我總感覺傅經理拿劉館長開鍘，可能打算一箭雙鵰，一起修理大佛！」小嵐很認真地分析她的觀察。

「小嵐怎麼知道這麼多？你真是八卦公主，一點都沒錯！」

「孫老師，我好心當個『報馬仔』跟你通風報信，好讓你趕緊擬定因應之策，還被你奚落是八卦公主，真的很不值得！」

「好啦，感謝沙老師的指導，我回家會好好想想這件事，怎麼每次去大陸回來都很有事？去日本、歐洲國家回來都平安正常，才去大陸二回，第一次雲南回來變成輔導主任；第二趟去新疆回來變成圖書組長；那如果再去第三次呢？」

「你就變成校長了！」小嵐很邪惡地說。

「拜託，我這種咖……」如晞無言。

大瘦身

如晞與小嵐的對話才剛結束，唐穎的電話就來了！

「如晞，終於找到你了！你知道你要去圖書館嗎？」唐穎問。

「我知道，剛才小嵐有告訴我了，原本的事情也要繼續做，這樣太累了，讓人很崩潰的任務！」如晞回答。

「你知道學務主任換成誰嗎？是朱湘文耶，一個從來沒有當過導師的人如何知道導師的辛苦？我一定要去找經理，這樣的安排很有問題，非常不妥當！」

「小嵐剛才還在說著呢，說主任你會是第一個反對的人！」

「於公於私，她都不是優質人選！我相信大家的看法應該也跟我差不多，相信我！」

「主任，難道你想翻盤嗎？」

「我是想啊，如果經裡有詢問我的意見，我一定會全力反對！我曾經跟傅經理談過幾次話，感覺上他是個可以溝通的人，也很有耐心聆聽大家的建言，倒是如晞你呢？關於你的圖書組長職務，你的看法呢？」唐穎說。

「誰想去啊？聽小嵐說劉館長已經去吵了幾次都沒有用，明天先去問問大佛怎麼回事？」

才結束與唐穎的對話，大佛校長來電了！

如晞手機從一落地機場，就一直響不停、接不停！

一旁的偉易則聽得一頭霧水，搞不清到底發生什麼事了？如晞也感覺真不好意思，才剛回台灣就被工作「圍剿」，冷落老公了！

「如晞明天有空來學校一趟嗎？」大佛校長問。

「校長怎麼了嗎？」

「是關於人事異動的事啦，你先休息，我們明天見面再詳談」。

果然如小嵐所預料的，唐穎第一個反對朱湘文擔任學務主任、大佛果然出手搭救劉館長，希望能居中協調圖書組長人事案。

第二天如晞與校長晤談後，大佛的建議是，如果二人都沒有意願更換職務，就請如晞直接找傅經理詳談，因為劉館長、校長都已經談過了，都沒有用，傅經理就是「無動於衷」，剩下來，就是當事人如晞自己爭取了！

第一次踏進董事會辦公室，第一次與傅經理說話，一見面就要說如此嚴肅的話題，讓如晞既擔心也緊張，畢竟「圖書組長」人事案，今天的晤談是僅存的一線希望了！還好唐穎事前已經給如晞不少正向的能量，增加她的信心。

傅經理非常有耐心地聽完如晞長達五分鐘以上的說明、解釋、期望等，微笑地說「謝謝如晞老師來找我，說出你心裡的想法。我雖然只到學校三個月，但是我每天都很認真瞭解學校與大家，雖然今天是第一次跟如晞老師說話，其實對於你，我並不陌生！」對於經理的這番話，如晞頗為意外！

他繼續說著「我讀過創校五十週年特刊，也拜讀過你編的月刊、畢業年刊，這些刊物幫助我不少，讓我能盡快瞭解夏山，我也能體會到老師擔任主編的用心與付出；此外，我還知道你也是閱讀計畫的總召集人，這點讓我非常訝異，何以不是圖書館負責？何況劉館長是有支領職務加給的，而如晞老師並沒有！我調閱過行政會議資料，她把許多你做的『閱讀種子教師培訓』、『晨間閱讀』等都列入她的業務成果之中，這點讓我非常不能認同！這些如晞老師知道嗎？你有參加行政會議嗎？」傅經理反問如晞。

「報告經理，我沒有參加行政會議，當然也沒有看過圖書館所提報的會議資料，我完全不知情！」如晞回答。

「我發現這個學校裡，有許多不公不義的事情，我這個人對於不公不義的事情特別反感，也覺得不應該讓這樣的情況繼續坐大，就像『閱讀』這件事，該誰的業務，就是誰做，怎麼還會有這種因為是幹事職員出身所以無法撰寫優質計畫，無法推動閱讀等等諸多推託理由，如果是這樣，那麼這個人根本就沒有資格挑起圖書館的重責大任啊！」傅經理說出他如此安排的用意。

「報告經理，首先我並沒有意願擔任行政工作，過去曾經很奇幻的當了一年輔導主任，那是一段『不美麗』的回憶，讓我對於行政視為畏途。其次，目前手邊的校刊主編工作量已經不少，而歐陽校長又希望我明年能夠幫忙完成甲子書，若再接任圖書館，可能時間與體力均無法負荷。何況，事情太多，難免分身乏術，工作品質自然會有折扣，與其現在拍著胸脯答應您在先，事後又抱怨太忙做不出來，做得不上不下，不僅壞了自己的口碑，也有負經理所託，請經理三思！」如晞非常懇切地說出自己對工作品質的自我要求。

「過去的『不美麗』，不代表這次也是『不美麗』，何況這次業務裡有部分是你已經熟悉的，像閱讀、像校刊。我這樣說好了，圖書組長是行政編制內的正式職務，有一定的職務加給與基本堂數，這對老師而言，相對也是一層保護，不像校刊主編、組召，只是『類行政』，像個『黑官』，學校即將會有重大的改革，在人事方面將有所調整與精簡，如晞老師不妨先站上『正式的行政位置』，先做了再說，日後真的有困難須要支援，我們再做安排！」

同名不同酬

這次晤談，出乎意料的談了一個多小時。回到辦公室座位上，電話響了！

「怎麼樣？談得如何？」唐穎問。

「耐心聆聽、積極想做事、可以溝通，但是經理沒有答應」。如晞回答，這是傅經理給她的初步感覺。

接著，第二通電話又響了！

「如晞老師，剛才經理有指示我，針對你的職務加給與基本堂數是這樣的：職務加給比照組長，而基本堂數是八堂！」總務兼人事主任的黃河來電說明。

自從原本的人事主任被經理「斬首」後，遺缺就由總務處的黃河主任代理，雖說是「代理」，其實經理也沒有打算另聘新的人事主任，就繼續讓黃河主任兼著做，一年下來學校可以減少百萬以上的人事費用。

「不對啊，學校內的『組長』職務，除了教學、註冊、訓育組基本堂數是〇外，其他都是二，為什麼我是八？這樣是『同名卻不同酬』的差別待遇，我無法接受！」如晞很不悅，因為以一個堂數一千六百元計算，她的薪資將比其他組長「低」了一大截，相差九千六百元，感覺很差，也徹底領悟到何謂「瘦身計畫」。

「因為經理說，你原本擔任主編的基本堂數是十，現在幫你調為八，又有職務加給，換句話說，你的薪水已經調高不少了！」黃河主任說得嚴厲，態度就是公事公辦。

「黃河主任，你是人事主任，你覺得一個圖書組長的基本堂數到底應該依『組長』的規定辦理，還是用我原本職務的邏輯來思考，如果這樣，那麼今年暑假不只我一個是新任，其他從『導師』職務改派行政的老師，是不是也應該如法炮製比照辦理？為何只有圖書組長？」

「因為原本的劉館長不是教師身份，所以只領職務加給，沒有基本堂數的問題，可是，你是老師，所以相對價碼比她高，經理覺得不但沒有節省開支，反而還更多了！」

「別忘了，他已經將圖書組長與主編二合一了，如果他是這麼想，對不起，我無法接受，那就請劉館長繼續留任啊！」

如晞非常生氣！

因為這是一種「同名不同酬」的羞辱！

放下電話，她分別告訴了唐穎跟大佛，二人的反應都是「不合理」須要再溝通。

唐穎：「怎麼會這樣，他一定是不太清楚學校體系的行政職務規範，他最近常來輔導室找我談校務，我跟他溝通一下！」

大佛：「基本堂數八，就等同只有支領職務加給，而其他組別卻不是這樣，這太不合理，也太不公平了，我跟他說！」

大佛馬上在如晞面前致電黃河主任，雖然如晞聽不清楚黃河說了什麼？但是隱隱約約從黃河的聲調中，已經可以很明顯感受到「學校裡誰是老大？就誰說了算？」，而那位「老大」並不是歐陽如來。

「如晞老師，黃河主任說他只是代為轉達經理的指示，如果你不認同，可以直接找經理溝通，畢竟主任無法作主！」大佛告訴如晞。

「可是大佛，你是校長，難道傅經理他不用聽你的指示嗎？你才是老大啊！」如晞不解。

「唉，如晞有所不知，他對我也很有意見，覺得我把董事會每年補助學校的資金都用光，可是我們要招生，我們要有獎學金來吸引新生啊，說我們花得太過浮濫，說以後將要凍結資金，以後學校要『自給自足』，不能再仰賴董事會這個『富爸爸』……」大佛顯得相當無奈。

「大佛難為你了！」

「據我所知，經理是這樣跟鍾總報告的，可以預期的是未來可能陸續會有震盪！」

走出校長室，總感覺前途茫然！下午，唐穎稍來訊息！

「如晞，剛才剛好經理來輔導室，我有跟他提起你的事情，他要你再去找他一次！」

同樣一天，第二次踏入董事會辦公室。

「經理，不好意思，我無法接受『同名不同酬』的待遇，無論如何還是感謝您的提拔，給我這樣的機會！」如晞第二次面對傅經理，開門見山說明心意。

「如晞老師關於圖書組長基本堂數的事，很抱歉，我沒有很清楚學校體制上行政組織的薪資結構，這是我的疏忽，我跟你致歉，圖書組長的基本堂數我會依據規定比照其他組長，請寬心！」傅經理表情非常誠懇地說。

「謝謝經理！」

「未來夏山的圖書館、閱讀、校刊、甲子書就有勞如晞老師了！」

好令人「三溫暖」的一天，事情起伏跌宕，而今天的結論是否真如經理所言「說到做到」，等待時間證明一切。

而一〇四學年度行政團隊名單，就如網路所公布，七月下旬大家各就各位，開始辦理交接！

對於這場「未成功」的晤談，小嵐說「我早就預計不會成功，因為經理的大刀才剛出手，怎麼可能容許大家都去溝通調整呢？刀劍一出，若不能奏效，那豈不是代表經理是一把『鈍刀』，日後他如何改革？」聰明的小嵐總能冷靜分析許多事。

菜鳥管理員

來到圖書館，與劉館長短暫三天的「交接兼教學」，她也忙著要到衛生組報到了！

圖書館的借還書網管系統、購書編目系統、借閱率統計報表、高中部小論文、網路讀書心得比賽等一大串業務還在熟悉中，而更折磨人的是「管理」圖書大樓。

甫興建完工，一〇二年底正式啟用的夏山圖書大樓，是董事會斥資億元以上完成。包括地下室的K書中心；一二樓的閱覽區、視聽教室、會議室；三樓高效能吸音、隔音效果的演藝廳。各樓層設計新穎、設備完善，也是劉館長花費非常多的心力規劃完成。落成後，演藝廳成了夏山最亮麗的活動場地，學校大小活動、國際交流、校際比賽等幾乎都在演藝廳舉辦，這可苦了「如晞館長」了！

此時她終於可以理解，過去何以劉館長經常說的「很忙」！

原來，忙的不只是圖書館的業務，還有幾乎每週都有的大小活動，連桃園市的個人組音樂比賽都是在演藝廳辦理。活動前須要整理場地，所以場地的維護就是圖書組長的責任；活動進行中，須要留守音控室，協助掌握麥克風、筆電、音響、螢幕等，此外，身兼主編的如晞還要負責拍照與報導；活動結束整理場地、清除廁所垃圾等。另外還有每天晚間在K書中心進行的晚自習，次日早上必須巡視環境與整理……。

自從接下圖書館後，如晞每天都走「萬步」以上，因為圖書館距離學校教學區、行政區偏遠，每天的會議、上課、巡堂等，最高紀錄一天走一萬六千步以上，每天只能穿球鞋、輕便服裝上班、上課。

還算幸運的是，在這樣偏遠又忙碌的工作環境裡，如晞還有一位幹事協助她一同管理四層的圖書大樓，那就是王廣源。

他原本是電腦中心工程師，負責維修學校網路系統與電腦，不過因為出過差錯，口才表達有時也不太靈光，所幸長得高大粗壯搬起書來毫不費勁，人也勤奮，任勞任怨，圖書大樓的整潔維護以及館務，廣源幫了很大的忙。

大佛每天早自習巡堂，也經常會到圖書館看看，順便也會跟如晞聊聊，關切狀況，讓如晞感覺很溫暖！

這一天：

「如晞，你喜歡圖書館嗎？我的意思是圖書組長跟主編，完全不同屬性的二樣工作，你適應了嗎？」大佛的問題讓如晞感覺有些怪異，還是說，他在幫「乾妹妹」投石問路，若如晞無法適應，劉館長方有「回家」的路。

「大佛這樣問我，好難回答。應該這麼說，主編工作雖然繁瑣，也吃力不討好，但是至少我很熟悉，而圖書館的工作純屬意外，有些像中國社會『媒妁之言』的婚姻，兩方既然被湊在一起了，與其『相看兩討厭』，不如趕快要適應與瞭解另一半，也許經過時間歲月的歷練，也可能成為『相看兩不厭』的神仙伴侶，不過，身兼二職真的非常非常忙，我還在努力適應中。」如晞也很認真思考後回答大佛。

如晞又問：「倒是甲子書的部分須要再跟校長您做進一步的討論。」

「對於甲子校慶，我有不少的想法，也構思了一些適合呈現的主題，我相信如晞有足夠的能力落實成真，不過目前看來，主導權顯然已經不在我手中，也許你應該跟傅經理研商討論。」校長說得有些苦澀。

「為什麼？他不是財務經理嗎？不是只管財務嗎？怎麼連甲子書都要問他呢？我不懂？」如晞反問大佛校長，總感覺他欲言又止。

「如晞想想，如果大家的簽呈、請購單、核銷單我都已經蓋章核可了，卻又被經理退件，你覺得我這個『校長』還有什麼意思？」

「經理想的是『開源節流』，例如說，他在研究未來如果演藝廳要出借給校外單位使用，要酌收場地費，這是『開源』的部分；你們身兼二職的行政，像你、像黃河主任，總務兼人事，都只支領一份行政加給，這是『節流』，其他像海外遊學的標案等，貨比三家外，一再殺低金額，可是最後品質有問題，傷害的還是學校的校譽跟老師學生。」大佛耐心分析給如晞聽。

「那怎麼辦？大佛不會要離開夏山吧？這樣讓我好害怕！」

「夏山自從遷校後，已經換過好幾次校長了，每換一次就傷一次，好不容易苦心經營了六年，是大佛您讓我們從桃園區的中後段班，止跌回升，來到中前段班，夏山的老師與孩子們都很愛你！這點我非常肯定。」如晞試著學唐穎經常給她正能量的模式，堅強如歐陽校長，也有傷感脆弱的時候。

「如晞，謝謝你！」

「校長不用謝謝我，我說的都是事實，也是你多年的努力！這些任誰都無法抹滅的！」如晞很肯定地回答校長。

「這些年，校長也拗了你做不少事，即使有些根本不應該是你的工作，你仍然一肩扛起，我非常謝謝如晞的幫忙！」

「校長今天怎麼了？變得這麼客氣？也很傷感？」

「我是有感而發，說出我心中的感謝！」歐陽校長很誠摯地說。

圈外高階主管

圖書館的「大咖」訪客不僅歐陽校長，還有傅經理也經常來！常在巡視校園其間，順道進來圖書館看看！

「經理好！」如晞聽到坐在借還書流通櫃臺的廣源故意大聲跟經理問好，就是在提醒她，趕快出來櫃臺打招呼。

下課時間，孩子們蜂擁而來，廣源忙著幫學生刷書，處理他們的借還書，也有小志工們會來幫忙，這點如晞真的由衷感謝劉館長跟廣源，培訓了一批很熱血的志工孩子，幫了圖書館很大的忙。

「經理好，怎麼來了？」如晞一邊整理筆電，準備去上課了！

「我剛好去巡校園，順道路過！怎麼樣？還習慣嗎？」

「很忙！如經理您現在所看到的！」

「你上課為何要帶筆電？」

「因為今天的課程談到李白的樂府詩長干行，我下載了幾段關於李白的歷史劇影片，還有做了幾張投影片，是李白其他的作品比較。」如晞有點訝異經理不知道上課用筆電是為了E化教學，顯然，經理對於學校與教學還不甚了解，也充滿了好奇。

「你是不是要去多媒一上課？」

「是啊！怎麼了？」

「那個班級好像狀況很多，我看好幾個學生頭髮很長，像刺蝟一樣，服儀也很混亂，還有穿夾腳拖鞋在教室裡追逐奔跑的……，我們一起走吧，我順便也再觀察他們一下！」然後，經理在教室外佇立許久，觀察這群過動孩子們的課堂表現，不過，也讓如晞頗有壓力，感覺像被「教學觀察」一般。

雖然，幾次與傅經理對話，如晞都感覺他很客氣且平易近人，但是在行政會議上的他，卻是截然不同的模樣，尤其是他與大佛的對話，特別犀利，向來陰柔權謀的大佛，感覺有幾次都快招架不住。

十一月了！如晞開始籌備甲子書，也向各處室主任邀稿，撰寫處室大事紀。因為要催稿，如晞特別走訪輔導室！先前有幾次都撲空，不是唐穎去上課，而是與傅經理關室密談。

唐穎近日與傅經理走得很近，經理經常造訪輔導室與唐穎密談，每次往往都是二－三小時以上，連帶地，大佛也經常去找唐穎，要不是因為如晞幾次親自到輔導室要跟唐穎催收甲子書稿件，總被輔導老師攔下來，也不會知道輔導室已成為「大咖」訪客經常駐足的地方。

反正也不方便多問，如晞只能留話給唐穎。

特別說明一下，當全世界的人都已經在使用智慧型手機，可以用「賴」留話時，只有唐穎依舊堅持「傻瓜手機」，因為她不希望自己變成「手機控」。

唐穎終於回電話了！

「如晞，你要的文章我有在進行，但是因為一直被中斷，所以我實在無法準時交稿！真的不好意思！」唐穎這樣的答案讓如晞很失望。

「……」如晞無言。

「如晞，我最近很忙，也很煩，我們晚上一起吃飯好嗎？」唐穎說。

「要不要買晚餐到我家吃，這樣說話比較方便？」如晞建議。

幾年前，如晞趁著大直捷運即將通車，房價水漲船高之際，將過去與大榮一起生活的小公寓委託房屋仲介出售，非常誇張的是，黃昏時房子才剛從房客手中收回，午夜仲介就傳來好消息，「很漂亮」的價格售出，於是如晞便「以屋易屋」，在中壢地區購置大坪數的住家，還請了設計師量身打造，布置典雅舒適，還因此登上「室內」雜誌。這個新家對如晞而言，意義重大，除了揮別失敗的婚姻，也開啟新的生活與新生命。

回到如晞與唐穎的晚餐！

「如晞是否贊成我接校長？」唐穎沒頭沒腦問了這一句。

「聽不懂？大佛呢？」

於是，唐穎娓娓道來！

「大佛校長應該會離開吧，現在是學期間，學校裡眼前有資格『代理』或者『接任』的只有三個人，我、總務主任黃河、教務主任洪長彥，我已經推辭過很多次了，但是經理跟鍾總都希望我能接任，否則學校會群龍無首！如晞一定覺得奇怪，校長為何要離開，這些內幕與細節我不便說太多，反正傅經理是管財務的，可想而知，必定就是有些帳務不清的問題！」

「主任應該知道大佛的人氣指數很高，大家都很尊敬愛戴他，相反的，傅經理就是『惡男』形象，我的確不清楚財務出了什麼問題，我相信大家也跟我一樣不清楚，但是，如此不清不白之下，『如來下、唐穎上』，難免流言蜚語，我只是擔心那些輿論會讓你受傷，否則，三人之中你應該是最適合的人選，畢竟主任是學輔導的，溝通協調應該是你最擅長的，也許剛開始大家難免不適應，不過『路遙知馬力』，久了，自然能收服人心。」

一時之間，對於傅經理經常到圖書館與如晞閒話家常，談校務、談班級、談招生、還有談唐穎，如晞似乎恍然大悟了，因為唐穎經常跟經理強調「如晞是我在夏山最好的朋友，當年被撤行政時，是她陪伴我走過最低潮的時刻」。

既然傅經理向董事會推薦唐穎接任校長，有必要多瞭解唐穎這個人，不妨也多瞭解她的好朋友。傅經理曾經跟如晞提過羨慕她倆的友誼，所以當如晞為了圖書組長的基本堂數崩潰時，唐穎立刻出面為她說話，而事情也有了圓滿的解決。

「我很支持與鼓勵主任接下校長重任，但是，我也要提醒主任，離開自己最熟悉的崗位是很大的冒險跟賭注，就像上回，快十年了嗎？你離開輔導室調任到國中部，一年下來，輔導室還有我們都受傷了！所以才要特別提醒你！」如晞不得不重提過往的舊傷。

如晞繼續說：「既然你即將成為校長，我建議主任趕快換一支智慧型手機吧，否則，你如何組織『行政群組』，怎麼即時發送訊息給大家？」

「是喔，我還想繼續用我這支傻瓜智障手機呢，這樣才能夠清靜過日！」唐穎說。

「都要當校長的人了，有可能清靜過日嗎？你可能很快就被煩死了！不過，我還是要提醒主任，學校所有的公文、簽呈最後都是校長壓章負責的，經理縱然有再多的意見或者不合理的要求，但是『他從來沒有蓋章或留下隻字片語』，換句話說，『校長』是最後的把關者，也勢必要概括承受所有是非對錯。」如晞覺得還是要說一些「理智」的話提醒唐穎。

「謝謝好朋友的提醒，我會記得的！」

「需要陪你去買手機嗎？」

「好喔，我對智慧手機完全沒有概念，實在不知道如何挑選起！」

週六，如晞跟偉易一起陪唐穎去挑選手機，如晞心中很清楚，當唐穎正式成為校長，她們勢必要有「尊卑」之分，不能再像今天這樣談笑風生了！

同舟共濟

事情果然如唐穎所說，大佛決定寒假離開，由唐穎接手校長職務。全校譁然之餘，一面倒評論傅經理種種的不是，為了平息「悠悠之口」，經理特別選在開學日校務會議中，以「同舟共濟」為主題做了說明。

「長期以來，夏山董事會挹助學校龐大的資金，新教室與圖書大樓興建案，發放新生入學獎學金等，但是，我們發現在資金的運用上有些地方交代不夠明確，例如實物與帳冊不符。所以董事會在第二代接班人鍾總接棒後，決定不再挹注學校資金，換言之，從現在起，學校所花的每一分錢，都要由校方自籌，自給自足，大家必須同舟共濟，否則夏山這艘大船將會沈沒！」

傅經理的一席話，在校園裡掀起了驚濤駭浪，不意外，輿論全部一致評論唐穎是「傀儡校長」，而經理就是那垂簾聽政的慈禧，真不知道這樣的情形下如何「同舟共濟」？

二月一日起，唐穎正式擔任「代理校長」兼輔導主任，也是身兼二職，自此以後，傅、唐二人經常為了討論校務在校長室、董事會辦公室、校園廊道間，隨時隨地促膝長談，而且經常是從下午談到第十二堂晚自習放學。此外，唐穎在與經理談校務時，完全不接電話、不會客、不批公文，任何人都不能打擾，這一點讓行政群很困擾，即使有急辦的簽呈，也只能耐心等待，而的確也因此耽誤過大事。

上任後的唐穎校長非常「勤政」，每天七點不到已經到校，晚上經常九點過後還沒有下班，公文簽呈看得非常仔細，只要有數字或報表，必然親自用計算機重新驗算一次以確定無誤。也正因為這樣嚴謹的態度，讓她發現有不少簽呈寫得非常「粗糙」，數據不是錯得離譜，就是含糊籠統，再多的耐心，輔導老師「鴿派」作風也會被磨光，校園內很快開始上演「鷹派」的犀利戲碼。

唐穎脾氣變得非常火爆，各單位開始或多或少被退簽呈，或者在簽呈直接被批示「重話」，或者直接被召喚至校長室聽訓，不，應該說挨罵、甚至破口大罵、拍桌、丟公文、掛電話等等非常不理智又無禮的行為。尤其對於學務處，碰到學務主任朱湘文，更是火力全開，連座位在校長室外面的老師們，都可以聽到唐穎尖銳的責罵聲，大家也不清楚湘文犯了什麼錯，應該是有出包吧！直覺就是校長太凶了！過去大家印象中的溫暖細心的唐穎主任已經完全走樣！

犀利唐太后

傳說中的酷吏、暴君「唐太后」，如晞一直不敢置信，直到四月，如晞領教到了！

為了甲子書，如晞已經吃盡苦頭！白天上班時間，光忙著應付圖書館內的讀者、演藝廳大小活動、K中等的使用與打掃，已經耗費太多精神，只能犧牲自己晚上休息時間，運用臉書、賴等社群尋找優質校友，也請資深老師協助提供優秀學生的榮譽事蹟等，經常忙到深夜睡倒在電腦桌前，可悲的是，再多的辛勞也不會有人知道。

如晞依照甲子書規劃會議中所決議的內容，陸續動工進行，像比較耗時的「夏山大事紀」、「歷任掌舵者」單元，照片、圖說、標題陸續完成，沒想到唐太后一句話，就必須全部打掉重來，她說「甲子書裡不准有歐陽校長的照片、文章，即使照片中只是非常小或模糊的身影都不能呈現」，天啊，大佛擔任六年的校長，是存在且不可抹滅的事實，如今卻必須全部重新來過，如晞真是欲哭無淚。

一切猶如十年前五十週年特刊的惡夢煎熬重現，依然是獨自一人挑起重任，這一次連挺她的校長都沒有了！原本以為唐穎校長曾經是如此親密的朋友，應該會情意相挺吧，實際上卻不然！

從去年十月開始跟唐穎催收輔導室大事紀稿件，直至今年四月還缺照片，唐穎告訴如晞「文章裡提到的友善校園及教學卓越獎座都放在校長室裡，隨時有空請自行來拍照」。

這一天，如晞先以電話請示唐校長後，帶著已經編排完成的輔導室初稿及相機去拍獎座，總掛念著這篇文章終於可以補齊照片了！

問題來了！因當時友善校園獎座有不少指紋，加上茶几為透明玻璃，為求照片品質，如晞請求「能否帶回圖書館擦拭整理後再拍，然後隨即送回」，請求未獲准，唐太后回應「獎座不可帶離校長室……，拍個照有這麼困難嗎？拍這麼久……，算了、算了，我自己拍好再給你」（聲音犀利、雙手空中揮舞），並對於輔導室一校稿編排非常不滿。

天曉得，要等校長補拍照片給如晞，恐怕「地老天荒」也等不到……

一陣轟天雷莫名降臨，如晞完全不敢相信自己的耳朵與眼睛，「我是在作夢嗎？我有聽錯嗎？」怎麼當主編要協助拍攝輔導室延宕已久的照片稿件，又是為了照片質感，沒有道謝只有責罵，還被轟得莫名其妙。

如晞心想「原來大家說的暴君胡亂罵人都是真的，唉，人果然換一個位置就換一個腦袋，也喪失了自己的格調，校長自己保重、加油吧！」

自此以後，如晞和大家一樣，經常做事踢到鐵板，例如：

一〇五學年度校刊副編人選懸宕未定：六月初如晞向校長推薦工作認真負責的國三畢業班導師方禎雅老師擔任副編，待七月自瑞士度假回來時，還被校長指責：「如晞主編是需求單位卻沒有來商討此事……」。

而如晞原本推薦的方老師卻被派任為教學組長（因唐穎相信如晞推薦的人選），而改派了白晨薇老師擔任如晞校刊的助手。這位老師過去曾經在唐穎手下擔任國中部註冊組長，因為帶班嚴厲、性子剛烈，經常與學生、家長起衝突，既然行政、導師都無法勝任，為避免麻煩，學校索性暫時凍結她，讓她當個純教書的專任老師。

這回唐穎告訴如晞「如晞是好人一枚，我把白晨薇交給你，她雖然脾氣不好，不過做事還算認真積極，希望經過你的潛移默化，可以改變她，也許有一天，她能重新帶班擔任導師」。

此後，學校裡「難搞人物」排行榜前三名的老師，就在如晞身邊常相左右。

基本堂數二變成四：八月新學年度開始，如晞依舊是圖書組長，另外又增加了負責學校「媒體公關」的工作，此外，甲子書的工作已經進入收尾。領到薪水時才發現自己的基本堂數已經悄悄被調整，換言之，薪水被刪減了三千二百元，沒有任何解釋。

如晞不禁自問「活生生折磨一年，究竟為何而忙？」

詢問人事室黃河主任後，他回答：「我當時看到教師鐘點統計報表也覺得奇怪，如果是為了降低人事成本，怎麼只有如晞被刪減，還特別問了經理，傅經理說甲子書已經做得差不多了，工作變少，當然減薪，我倒是建議如晞去找經理或者校長問清楚，我們人事室也只有聽命行事，沒有參與決定的權利，你知道的！」黃河主任無奈地表示。

「主任，我做甲子書純粹『義務』幫忙，這本來就是『特殊任務』，不在工作職務之內，我並沒有因為做甲子書而加薪，如今卻因為特殊任務完成而減薪，天理何在？」如晞吶喊著！

一個每天熬夜工作的部屬，沒有肯定、沒有讚賞，只有「過河拆橋」，只有「兔死狗烹」！

如晞不想再去多問了，問了，也只是被羞辱而已！罷了！

這一次黃河主任顯得相當無奈，除說明為難之處也吐了不少苦水「如晞組長你想想，學校這麼多人事異動，暑假又有三位資深老師及二位職員被『勸退』、『逼退』，這次還包括二十九年資歷的劉館長，全部都是我們做『人事』的出面處理，我就是『打手』、『殺手』、『走狗』、『橡皮圖章』，天天都有人在罵我，除此之外，還有一大推學生、家長、老師向國教署或教育局的投訴案，我每天光應付這些公文就夠了，還做什麼事？每天上班都很不開心，如果學校真的出事，要去坐牢的一定是『人事』跟校長，絕對不會是傅經理，因為他從來不蓋章、不簽字，一定可以全身而退！」

唐穎這樣的決定，真的傷透了如晞的心！不是因為三千二百元這個數字的大小，而是「認真做事」的人下場也是一樣悽慘，那麼夏山向來最自豪的美麗風景，「人情」，如今究竟還剩什麼？

這一年暑假，夏山老師離職潮又超過十位以上，若加上「非自願」退休或離職的，則在十五位之譜！

而有鑑於學務主任朱湘文的不適任，新學年度唐太后對學務處行政團隊進行大改造，更換了主任、訓育組長、生輔、體育組長兼任衛生等。

國一、高一新生暑假入學後，旋即轉出的人數急速增加，是否意味著夏山招生已出現警訊，只是主政者警覺到了嗎？

繼承者鍾總知道嗎？

禮義廉恥

唐太后的第二個學期，一〇五學年度開始！

她已由「代理校長」扶正為「正式校長」！

也許是求好心切，也許是恨鐵不成鋼，各單位三不五時就會被唐太后怒吼！無一倖免，其中以學務處朱湘文主任最為壯烈！

任何與她有關的案子都會被波及，像先前如晞的副編人選，就是因為校刊隸屬學務處，唐太后在指責湘文的同時，主編也一起落難。

唐太后從不承認她對湘文有偏見，強調一切都是「就事論事」、「對事不對人」。

可是怎麼總給大家「對人不對事」的錯覺呢？

又是新學期的校務會議，這回傅經理與大家分享「與時俱進」及「禮義廉恥」的觀念。

首先以賣燒餅油條的傳統中式早餐店跟近日流行的複合式早午餐店「鯊魚咬土司」為例，提醒大家在競爭對手林立、又少子化的大趨勢下，調整經營模式，

「與時俱進」方能脫穎而出！他並批評過去夏山一直標榜的「多元」教育，雖有創意，卻忽略了「市場需求」，畢竟家長最在乎的那「一元」就是「升學」，這「一元」不僅不能少，還應該加重比例，如此經營才是「王道」，例如同屬私校的秋水中學就是非常成功的典範。

「所以，我們必須要好好檢討夏山的教學、升學到底怎麼了？今年國高三升學成績雖然尚可，但是不夠亮眼，請問我們的教務主任、國中部主任，你們二位為學校做了什麼？是否該為此負責？我現在慎重宣布，你二人進入『留校察看』階段……」傅經理在台上滔滔不絕。

傅經理繼續提到今天的第二個重點：「學校老師教導學生禮義廉恥，四維八德是最基本的品德，可惜的是，我來到夏山也已經一年多了，學校裡老師們服儀沒有規範，禮貌與態度也不夠到位，有些老師連過馬路都不走斑馬線，這些不是身為師長的我們經常在教導學生的嗎？夏山缺少『禮義廉恥』的老師大有人在……」說到此，台下的老師們已經譁然一片，這樣的說法明顯是與老師對立，深深地羞辱了在場的所有老師。

甚至，傅經理也提出對大家上班服儀的要求「上班，就應該有上班的模樣，這是對工作的尊重，校園裡很多老師穿T恤、短褲、涼鞋，在此特別要求大家，男老師上班請著長褲、有衣領的上衣；女老師亦然，裙子切勿過短或者衣服過於低胸、透明……」

每回校務會議聽過經理「說教」後，總能創造經典名言與話題，例如：

「你這樣做，完全沒有『禮義廉恥』……」

「今天去吃『鯊魚咬土司』了嗎？要『與時俱進』忘了嗎？吃了才有『禮義廉恥』喔！」

「你今天的裙子有點短，沒有『禮義廉恥』」

「××老師，你班上成績一直沒有起色，小心被『留校察看』」

體育老師在豔陽下要穿長褲、有領子的體育服裝上課！

校園裡一群「運動型」男老師集體上網團購「假衣領」，套裝在T恤脖子處，真是上有政策下有對策，而這些，居然變成大家苦中作樂的「小確信」。

至於那二位被「留校察看」的苦主，教務處的洪長彥主任、還有已經在七月底下行政的國中部主任沙小嵐情何以堪！

洪主任會後隨即丟行政辭呈，小嵐呢？她已經回歸導師行列帶班去了！

還記得過去大家都不懂何以大佛挑選高中部的小嵐擔任國中部主任？

後來大家都明白了！

因為唯有不在「戰場」裡的人，方能客觀看事、處理事；唯有像小嵐這樣不忮不求、善良大心的人，可以沒有人情包袱地去關懷國中部不同領域、不同氛圍的老師們，聆聽來自彼此競爭的高壓、排除紛爭，這些不可否認小嵐都做到了！

無論小嵐如何善良與寬宏大量，但在一場會議中當眾被指責「留校察看」，就像被判定沒有「禮義廉恥」般，傅、唐二人是她在夏山最大的痛楚。

甲子校慶

時間來到十月了！夏山創校六十周年校慶即將來到！

辛苦了一年多，歷經艱辛與折磨的甲子書終於問世！

唯一幸運的是，二十一世紀，感謝智慧手機、臉書、賴、推特等問世，帶給如晞在與校友的聯繫上非常大的便利，這一次的創校特刊，寫下編後語，令人格外孤單與傷感。

如晞這麼寫：

標題：命中注定遇見你

＊揪心十八個月

以為可以逃過這一劫？但，終究是「命中注定」？一個讓人揪心十八個月的任務，一個「不可能的任務」，就從二〇一五年五月天接下甲子書使命算起，編製甲子書漫漫長路啟程開始！

＊宿命難逃

難道真是當初來到夏山，初來乍到桃園的宿命？只因曾經做過四年記者，當年劉校長大膽錄用完全沒有教書經驗的我、遠住台北通勤的我！

＊尋人啟事

十年前受命編製創校五十特刊，懵懂中摸索前行，欠缺校友聯絡網，尋人不易，泛黃斑駁老照片從倉庫中翻出，一張張用掃描機掃出電子檔。而十年後的今日，拜網路發達之賜，智慧型手機、臉書、LINE等通訊方式，「尋人」不再是最困難的一環，反而「尋找撰稿人」的過程才真是困難指數破表！

＊豐富生命

這次，有鑑於「小夏山」校友逐年增加，加上高中部新增的普通科、應用外語科、資料處理科等，因此，甲子書以他們為「熱門校友」主軸，他們並不一定有顯赫的事業成就，或者耀眼的名校升學成績，但是，他們擁有豐富的生命經歷、精彩的生命故事，這是「甲子書」所要呈現與分享給大家的喜悅！喜見孩子們的成長、喜見孩子們活出熱情的生命力！而這是母校對你們的期待！

＊靈魂骨架

欣慰的是，六十甲子書邀稿的校友們大多熱情又爽快答應，如果我說校友的故事是「靈魂」，那麼各行政團隊對於業務的沿革、探索、展望，則是本書的「骨架」，感謝所有為本書撰稿的夏山行政團隊、老師、校友、以及歐陽校長、唐校長；因為你們的參與，為夏山留下永恆的珍貴資產！

＊苦中有喜

回首過往十八個月，數不清挑燈修稿的夜晚，期間尚須兼顧圖書館、校刊等行政業務，也曾油盡燈枯，也曾心灰意冷，但是「苦」中總摻雜著「喜」悦，因為每天都有進度、每天都有斬獲，因為我知道距離目標又更接近了。最終感謝與珍惜自己有此機會，為夏山完成這本六十甲子書，也許若干年後，當自己退休後，還能細細咀嚼曾經走過的路、紀錄下的校史！

二〇一六年一〇月「飛閱一甲子──致六〇」正式完成出刊，親愛的寶貝你終於誕生了！獻給所有與夏山一起成長的夏山人！

甲子書外，還有一系列的慶祝活動，例如「植樹～十年樹木百年樹人」、「校友回娘家」、「掀開我的時空膠囊」等，所以特別安排二天！很遺憾，甲子校慶董事會的老董、鍾總等全部缺席，只有傅經理及秘書代表參加。第一天的採排預賽及運動會宣示，又再度讓唐太后獅吼！

因為學務處的工作手冊上明明寫著各組工作人員八點前司令台就定位，大夥在七點四十分後陸續到達，而此時已經運動員宣示完畢，採訪組（如晞）、攝影組、播音組、音響組等才姍姍來遲！

當天中午緊急召開會議，各組說明為何「遲到」！

而在此之前，太后已經在行政群組狂飆過大家了！

唐太后犀利地大罵，她認為大家是蓄意讓她開天窗難堪，大家都在「莊孝維」，大家心裡面只有歐陽校長……。在唐太后面前是絕對不能提到歐陽如來四個字。

此時的歐陽校長，已經轉換跑道，擔任私立春雨雙語中小學校長，這是一個新成立的雙語學校，暑假離職老師裡，有部分即是到春雨任教，這點讓唐太后非常冒火。

太后一一詢問每一個人遲到原因，無論男女、無論階級，大家只有一個制式答案「校長對不起」，只有如晞太白目嗎？居然回答：「報告校長，手冊裡的時間是八點，我七點四十五分到達司令台，我沒有遲到！」全場的人都為如晞擔心下場。

「好，你說沒有遲到，那我請問如晞組長，我早上運動員宣示時，說了什麼？照片呢？有拍到嗎？你不是要『及時報導』嗎？」太后咬牙切齒地說。

「我會再詢問在場的導師與學生，還有攝影社的同學應該會拍到校長致詞的畫面，會想辦法整理出來！」如晞冷靜地說，因為她實在不甘被誤會。

「你還頂嘴！好，原來這位號稱高效率、最認真的主編，寫稿都不用自己到現場，原來都是別人幫她整理的，照片也是找學生拍的，都不用自己親自操刀……」太后更抓狂生氣了！而坐在如晞對面的黃河主任、旁邊的音響組，全都在會議桌底下猛踢她的腳，焦急的眼神彷彿說著「如晞別說了，小心連命都沒了」。

「你不高興是嗎？」太后已經歇斯底里了！

「我沒有，我只是說實話而已。」如晞還是很堅持自己被冤枉。

「你的肢體動作已經告訴我，你不高興……，會議我不開了，你們自己開吧！」唐太后對著如晞大聲咆哮著「緊箍咒」，然後拂袖而去！

如晞只感覺頭痛欲裂，頭痛到快炸開！

「如晞，你不想活了嗎？」唐太后離開後，黃河主任緊張地說。

「如晞，你吃了炸藥了？」

「如晞，你還好嗎？」

「如晞是女中豪傑！」

一場會議的對話，被稱之為「頂撞」長官，卻讓如晞意外收到許多的慰問與讚賞！

這絕對不是一個「正向」的思考模式。

會後，如晞趕緊尋找救兵，現場的六十三位導師有誰還記得校長說了什麼？

「小嵐，你還記得校長早上運動員宣示時說了什麼嗎？」

「誰會記得啊！大家也沒在聽她說話啊！」

「你再仔細想想，幫我問一下你四周的導師有誰記得的？」如晞跟小嵐說了中午自己的「壯烈」演出後，馬上激起小嵐的同仇敵愾！

「我幫你問，待會整理給你！」

好不容易湊出一篇報導，照片呢？學生因為距離遠，拍得籠統模糊！

沒辦法，還是得上傳到學校網頁做「及時報導」。

報導上傳後，唐太后再度於行政群組開罵，是完全針對如晞，太后重話開砲！

「活動報導失真，照片並非校長正面，主編的筆鈍了，態度也鈍了……」！

此時的如晞，已經徹底「黑」了！

而此時，才能真正看出「人性」，「患難見真情」！

新接手國中部主任的詹森私下賴了幾張照片給如晞，也給了一段溫暖的文字！

「如晞組長你看看這些照片是否堪用，是我早上在現場用手機拍到的畫面，至於文字部分，我再幫你多問幾位導師」其實如晞與詹森主任並非熟識，而這些照片與文字讓憋一肚子氣的如晞再也止不住淚水！

除了向詹森回覆感謝外，想想自己還是必須面對現實，拿起手機，在行政群組中寫下道歉的話：「報告校長：照片有在徵集中，新聞內容會再修改，對不起造成您的困擾，我會檢討並再努力！」順道將詹森的幾張照片賴上去群組。

很快地，校長有回應，在行政群組！

「如晞，我將講稿E給你，十分鐘後收信！」

「收到，謝謝校長，我現在馬上修稿並上傳！」

唐穎生氣的是如晞的不認錯與當眾頂撞，讓她很難堪，「怎麼這麼固執！」她跟在校長室的傅經理抱怨著！所以，當如晞在群組當眾道歉後，唐穎的怒火頓時也澆熄不少，曾經交心的好友，如今卻彼此傷害！

第二天的校慶重頭戲，大家異常地早到操場！

看到詹森，如晞趕緊當面謝謝他的「拔刀相助」！

而他敦厚的仁心與認真的做事態度，很快就獲得經理與太后的讚賞！

只要你夠優秀，你的光芒必然會被看到，這點在詹森身上百分百印證了！

求生、求榮、求去

自從夏山校園裡多了傅經理後；自從鍾總接手夏山繼承者後；自從唐穎上任校長後，夏山不再是綠意盎然的「夏天」了，而是寒天冰雪！

追根究底，問題還是在「繼承者」身上！

因為他一再要求「開源節流」、一再要求「降低成本」，為能呈現漂亮的數據與成效，傅、唐二人才會大幅度縮編、裁撤職員，甚至不惜觸犯法條，要應付這樣一個重視「數字」、輕視「文字」的老闆，只要能省錢，就是「大成就」。

當事過境遷之後，大家才驚覺，即使不再是他倆「執政」，即使換掉傅、唐二人，只要外行又想省錢、也想賺錢的二代老闆還在，夏山很難跳脫輪迴。

身處在這樣險峻惡劣的環境，有人「求生」，有人「求榮」，也有人斷尾「求去」！

已經自台×電退休的偉易，在離開高壓工作環境後，覺得人生開闊、開心多了！

租了一畝田地，自己種菜、種水果，偶而旅遊，過著現代陶淵明的生活！

讓如晞欣羨不已！

「如晞已經接近二十五年年資了，要不要考慮『退休』？」偉易問。

畢竟這一年多來，他目睹了唐穎對如晞的傷害，尤其是減薪跟校慶的事，偉易非常耿耿於懷。他還記得唐穎上任前，自己跟如晞一起陪同唐穎選購手機，也記得唐穎常到家裡來吃飯，而今登上「太后」大位後，卻是如此對待如晞，從甲子書、減薪、校慶等事件，一路走來，他相信還有更多是如晞沒有告訴他的委屈，偉易看在眼裡，疼在心裡！

如晞開始認真考慮「退場」，對於這樣一個令人無言又無奈的環境，不如歸去！

退休後要遷居新竹嗎？

是不是該在新竹另再置產呢？偉易的孩子們已長大成人，最好彼此都能夠保有私人的生活空間！

畢竟桃園只是她工作的地方，排除工作所須，是不是該將中壢房子脫手？如果價格漂亮的話？再一次「以屋易屋」？

幾年前的「以屋易屋」，挾著台北大直捷運即將通車以及多所明星學校的加持，價格出乎意料，足夠支應中壢的近七十坪新房、延請設計師裝潢、家具家電等開支，還綽綽有餘。好機會可遇不可求，如晞覺得一切隨緣，無須強求，如果老天爺也認為「退場」的時候到了，自然會讓她遇到「有緣人」！

十一月了，忙完校慶與甲子書，如晞開始跟仲介公司接洽，委託賣屋事宜，同時間，也勘查過竹北高鐵附近的建案。為了「退役」這個美好的新目標，如晞期待找一個接近偉易老家，方便彼此照顧的新住所！至於中壢的家，居住八年，但是大部分都是如晞一人獨居，加上她的潔癖習慣，房子幾乎完好如新，還有設計師Teresa的蕙質蘭心設計，看過房子的人都很喜歡，物超所值，買屋、賣屋均待價而沽！

媒體為你翻盤！

甲子校慶後，如晞一邊忙著「房屋大小事」外，開始啟動了本學年度新接下的任務「媒體公關」，主要的任務就是提升學校的能見度，將夏山的校園活動、榮譽事蹟等撰寫成新聞稿，傳發給各大報章及電子媒體刊登報導，甚至，邀請媒體到校現場採訪等。

過去，「公關媒體」業務都是李恩惠主任負責，由如晞或者活動主辦單位撰寫新聞稿，再由恩惠主任出面邀請媒體記者。可能是夏山地處偏遠或者新聞度不夠，到訪的情況不甚熱絡。現在，唐穎校長將此重大任務交給如晞經營，除了

「寫新聞稿」是以前做過的外，如晞手邊沒有任何資源與人脈，從何開始？如何著手？

努力回想以前自己幹記者時，哪一種邀約會比較吸引記者？既然「無師」，就只能「自通」了！如晞決定照自己的思維去做看看了，還好，這部分唐太后給了她很大的自主空間，加上過往「媒體」這一塊一直經營得不甚理想，所以，只要有「動靜」，就算交差過關！

十一月中旬，時值夏山室內五人組足球隊榮獲全國第一名，體育組僅將此榮譽上傳在學校「榮譽榜」網頁。於是，如晞先集合參賽同學、邀約教練及所有足球隊同學，著夏山「足球裝」，帶著獎盃到校長室與唐太后合影。為求畫質，如晞特別跟偉易商借單眼相機，還請求偉易傳授幾招攝影竅門給她。同時還請足球隊長寫一篇「從練球、賽球到奪冠」的經歷，如晞自己還採訪了教練、體育組長、校長後，有模有樣寫了篇新聞稿，然後，週日早上傳發至三大報系投稿。

總算皇天不負苦心人，自由時報桃園區教育線記者回應如晞了！

一整個週日白天，記者熱烈追問其他細節，要求提供更多孩子們平常練球的照片，很幸運地，孩子們手邊都有；「賴」真是人類的好朋友，此刻它可真是幫了大忙！直到晚間記者發稿，才鬆下一口氣！

隔天，週一上班日，如晞呈自由時報給唐太后！

看到自己與足球隊的照片上報，看到「夏山足球」斗大的標題，太后著實讚美了如晞一番！對照一個月前，為了校慶運動員宣示被太后狂飆的苦澀，五味雜陳只有如晞最能體會。

有了一次甜美的果實，陸續又有國中部同學參加國際發明展榮獲金牌、英語話劇比賽榮獲桃園市冠軍等捷報。又是一個忙碌的加班週末，如晞這個週末的家庭日，連寫二則新聞稿，與電腦常相左右。其實如晞大可以請負責國中部新聞的白晨薇完成，不過，顧及週末假日裡，沒有人會想接這種「急件」，還是自己來吧！

還好這回因為都是國中部的新聞，有熱心又熱血的詹森主任幫忙，協助跟指導老師及同學蒐集資料，並指派同學趕寫參賽心得。

這次，聯合、自由、中廣都有了回應，二大報系、三大媒體、二則新聞一起採訪，一箭雙鵰！

週一記者到訪，帶來了攝影機、相機、錄音等全套影音設備，不僅採訪二項比賽的指導老師、同學、詹森主任、唐穎校長，記者大哥大姊們除了報紙平面報導，還準備剪輯採訪影片做電子報的報導。今天的唐太后，開心地合不攏嘴，她對於如晞「媒體公關」的效能與品質讚不絕口！

每回記者到訪，從事前的邀約、新聞稿撰寫、照片拍攝、受訪老師調課、同學公假、校長的受訪時間、記者車馬費申請等，每個環節都須要打理，只要是國中部的新聞，詹森必然會協助如晞一同處理大小事，爾後，如晞與詹森總會互相幫忙對方，哪怕到底是不是自己的業務範圍，而行政工作上即使偶有瑕疵，二人也一起進校長室聽候太后管訓。挨罵雖然不開心，但是非常難能可貴的是，一起承擔甘苦的「革命情感」，這在逐漸人情淡薄的夏山，更讓人珍惜。

此後，如晞已經熟識幾位主要媒體記者，只要新聞度夠，記者們也很願意來學校採訪，因為如晞把一切都打理好了，即便新聞稿，細心的如晞不僅現場發紙本稿，也同時賴給他們電子檔及活動照片，方便運用或修改。就算不克參加，資料也一應俱全，方便他們撰稿、發稿。

其後陸續又有國語文競賽、全國技藝競賽金手獎等榮耀，唐太后幾乎每週都上平面或電子媒體，連傅經理也注意到了。

有一次的行政會議中，傅經理說「媒體報導，就是免費又有說服力的廣告，大家要多多利用，像近日校長經常上報，連他們家的管理員都指著報紙問她『請問這位唐校長就是妳嗎？』感謝如晞組長的辛勞！」

春風吹又生？

如晞自十月底校慶頂撞事件後，苦熬幾個月後，經由「媒體報導」方得以「翻盤」。

接近寒假了，唐太后接受「全國技藝競賽金手獎榮譽」採訪後，心情不錯，特別問了如晞：「找記者採訪這件事，你是怎麼做到的？」因為恩惠主任曾經是輔導主任兼媒體公關，邀約採訪的過程其實並不容易，唐穎非常清楚，這更讓她對如晞刮目相看。

唐穎繼續說「經理曾經問過我，『找記者會很難嗎？我看如晞常常找啊！』我才特別跟經理說，以前恩惠主任就常吃閉門羹、碰軟釘子，我覺得像如晞跟記者們，都屬『文人』類型，他們自然會有他們的對話與溝通模式。」

「謝謝校長的讚美，我會努力的！」如晞客氣卻又有些生疏地回答。

今天的唐穎特別地和藹，在冬陽的襯托下顯得特別有「溫度」，似乎也特別有話想說：「如晞，你的工作態度與效能，我和經理，當然也包括主管們都是有目共睹，過去的夏山一直沒有具體而完整的『考評』制度，優等、甲等照比例大家輪流，今年，我請黃河主任制訂出具體的辦法，方能突顯真正認真、對學校有貢獻的人，現階段大家才剛評過『考績』，你的成績非常高，年終獎金應該會是優渥的！」

「如晞真的是校長的好幫手，是很棒的工作夥伴，你對夏山的付出，包括五十、六十創校特刊、圖書館的轉型等，這些事蹟都可以寫入校史了！我個人非常感謝，何況我還經常丟『變化球』給你，你都能夠安全『接招』且『出擊得分』。我經常跟經理說，在夏山，我已經沒有朋友了，連如晞都刪除我的臉書朋友，每天陪伴我的只有辦公室裡的這二盆植物。」唐太后噓唏地說。

沒錯，如晞的確刪除了太后這位臉友，那是因為學期初發現自己被莫名減薪，還只有黃河主任會為她詢問原委。今天既然有此機會，如晞決定勇敢地說出痛楚：「謝謝校長的鼓勵，九月間之所以會移除臉友關係，是因為當領到八月新學年度的薪資明細，才知道自己被減薪了，基本堂數從二變為四，我不知道自己做錯了什麼？也沒有人告訴我、指導我？」

如晞勇敢地說下去「問了黃河主任後，才知道是因為經理認為甲子書已經完成，工作量少了，所以減薪。報告校長，去年在接下圖書組長時，您也曾經因為傅經理批的基本堂數八，而為我叫屈，也幫忙居中協調，我非常感謝。甲子書本來就不在圖書組長的工作職務之內，純粹是『義務』幫忙，也是因為對夏山的情感與使命，我並沒有因為甲子書而加薪，如今卻因為特殊任務完成而減薪，夏山令我心灰意冷，這件事讓我非常、非常、非常傷心……！問題不是三千二百元這個數字，而是大家怎麼看我？孫如晞這個笨蛋，日以繼夜加班工作，換來的下場是『兔死狗烹』，這樣不堪！」

「我懂了！」唐穎一時之間有點想不起來這份簽呈，對，沒錯，自己的確批過，是傅經理擬出來的人事案，而當時唐穎正強烈砲轟朱湘文沒有將校刊副編人選確定，而間接波及如晞。

「如晞，這件事當初是經理擬出來的，我會再詢問他！對不起，我曾經這麼嚴重地傷害過你！」

這樣的唐穎，如晞曾經多麼的熟悉，如今又是多麼的陌生，幾次讓如晞痛不欲生的「緊箍咒」，幾乎要將她摧毀，那等犀利又致命的言詞，換做是有憂鬱傾向的人可能會跳樓尋短，如晞實在也摸不著唐穎今天的用意，反正，「今天送暖、明天澆冷水」的狀況也經常發生，而過往「交心」之情，能否在灰飛煙滅之後「春風吹又生」？

時間，會是最好的良藥；也會是最好的證明！

哨聲響起！

看似暫時平靜的校園，實際是暗潮洶湧！

一直不斷地有「吹哨者」寄發訊息給老董！

爆料唐穎的壞脾氣與傅經理以董事會身份不合理的干涉太多校務，包括參加了校務、行政、招生、訪視、招標、議價等會議，涉及的層面、掌握的權勢涵蓋人事、行政、課務、考核等，彷如「君臨天下」般，「哨聲」如潮水般蜂擁而來，鍾總不得不來學校關切。

平心而論，一〇四學年度起，當二代繼承者接手後，夏山就變天了！

換人當家後，夏山不再是綠意盎然的「夏」天。

說不上是變好還是變壞，但是，大家工作心情的確變得不一樣了！做事、說話戰戰兢兢、上班要能提早到、下班也不能延宕太久，以免造成辦公室電力的浪費與增加學校開支。凡事都背負著壓力，凡事都被加註「列入考核」，曾經開心快樂的夏山，對師、對生而言，現在一切不一樣了！

校園裡一介平凡的老師或學生，不會清楚何以有這些改變，應該是要「開源節流」吧！所以當長官們揮舞著「當省則省、當用則用」大旗時（實際上是「當用則再考慮」），同時也在校務會議中告訴大家，「大船」快要觸礁沈沒了！大家要共體時艱！

導火線似乎還是朱湘文！

聽說在預排未來一〇六新學年度課程時，唐太后有鑑於家政老師的離職，乾脆安排朱湘文去教「家政」，反正家政、生涯都是「綜合領域」，此舉被視為唐太后「公報私仇」，挾「校長之尊」欺壓專任老師！

五月開始，陸續有行政丟官、辭官，陸續有老師參加教師甄試，不接聘、不回聘……！

鍾總開始約談不接聘老師，而唐太后也提報幾位說話較為「中肯」的老師提供鍾總參考，如晞跟詹森、輔導組長及幾位老師都在太后的名單之中。

不接聘的老師們因為不再有「飯碗」包袱，自然可以暢所欲言！大大數落了傅、唐二人的諸多罪狀，諷刺的是，其中有部分老師選擇到歐陽校長的春雨中小學任教；而參加公校甄試卻落榜的老師，則只能保守地建議「改革」慢慢來，欲速則不達，容易「弄破碗」！

至於如晞、詹森、輔導組長等二級行政，是唐太后所剩不多可以信任談心的部屬，也只能客觀說話，避免落入選邊站的是非漩渦。

Q1：「如晞組長，你有聽說朱湘文老師要去教家政這件事嗎？」鍾總問，聽起來似乎是制式性題目，感覺就是SOP，可能是老董要求兒子要做的吧。

A1：「報告鍾總，我不知道，這可能要問『綜合』領域的老師比較清楚吧！」如晞簡單回答。

Q2：「你有被唐校長罵過嗎？」

A2：「有，我想，做『行政』的人，或多或少都有的！」

Q3：「你是被罵？還是丟公文？或者掛電話？可以舉例嗎？」鍾總並沒有抬頭，只是低著頭做筆記。

A3：「甲子校慶時，大家曾經因為慢到操場，校長非常生氣，在群組及中午的緊急會議上全體被罵。我因為會議中回嘴，特別被校長當眾K了一頓，活動報導上傳後另外又在群組飆一次！」鍾總終於抬起頭來注視如晞，這似乎引起他的好奇。

Q4：「喔！聽起來很壯烈！你可以說詳細一點嗎？後來呢？」

A4：「實際上，大家都是『提早』到，只因為校慶手冊時程表標示的是八點，大家就約好七點四十五分左右到操場就定位，因為唐校長是個守時又嚴謹的人，她總是提前到現場做準備，也準備了致詞的講稿，於是運動員宣示七點三十五分就順利開始了，當她致詞完畢看到我們『姍姍來遲』就動怒了！我覺得，校長主要是希望我們好好檢討當時的缺失，避免第二天真正大批外賓及校友來時又出包，火氣一上來，當然很難馬上熄滅，可是，她會觀察我們有沒有記取教訓，是否有改善與進步，校長雖然比較衝動、脾氣比較火爆，可是當她看到我們的進步，也從不吝嗇對我們誇獎與讚賞，她就是『刀子口豆腐心』，也算是性情中人，她也曾經給過我許多的肯定與鼓勵，這些我也是經過幾次這種『三溫暖』式的歷練後，慢慢咀嚼揣摩到的。」如晞的話，讓鍾總的手一直沒有停下來過。

Q5：「如晞組長，你對於學校的改變有什麼想法或建議？」

A5：「對於鍾總您、或者傅經理所提的『節能減碳』，我個人很認同，這也是全球的趨勢，是愛地球的正向思考，但是對於『人』的部分，要降低人事成本不是不行，而是因為對象是『人』，是活生生的人，是我們一起同甘共苦的夥伴，是曾經為學校付出青春歲月與心力的夥伴，操作的手法若過於粗糙，會令人感到不舒服，很難令大家心服口服。」

Q6：「你可以舉個實例嗎？」

A6：「別人的事或學校的公帳都是道聽塗說，我不是非常清楚也不適合評論。就以我自己為例，一〇四學年度學校交付我甲子書的特別任務，一〇五學年度完成後被減薪二個鐘點，這是義務、額外為學校做事，但是完成後沒有『功勞』，只有『苦勞』、『疲勞』，而且還減薪，且事前或事後都沒有人告訴我，不是數字大小的問題，而是觀感很差，手法很不厚道！」鍾總抬頭沈思。

Q7：「你有跟學校反應嗎？」

A7：「我詢問黃河主任後才知道是傅經理的意思，他建議我去找經理，但是，我自始至終都沒有去找他！」鍾總看起來有些懊惱，又是一筆傅經理的爛攤子。

Q8：「為什麼不去找他問？」

A8：「鍾總以您對經理或校長的認識，你覺得『問』有用嗎？可能還會被『羞辱』一頓！」

Q9：「這件事我記下來，我會再問他！如晞組長還有其他的建議或者想補充的嗎？」

A9：「沒有」

如晞走出人事室後，詹森正在外面等待！他是下一位！

「詹森加油！」如晞說。

「等我meeting結束，我們再討論囉！」詹森說！

變法輓歌

直至六月下旬，已經超過二十位老師未接聘！

又一波更高峰的離職潮！其中又以「中生代」（十―十五年）老師居多！

這群肩負家庭經濟重擔或者已經在桃園區置產深根的老師們，原將夏山視為終生「志業」，願在夏山安身立命終其一生！

老師們所捍衛的是「尊重」與「專業」！

即便仍未找到下一所學校（或下一份工作），仍堅持不接聘。

期末校務會議前二天，一封「公開信」郵寄至全校教職員信箱！

更嚴重的是訴諸媒體！

「火山」噴發出大量岩漿，所到之處盡是毀滅，盡是滿目瘡痍！

校務會議上，身為校長的唐穎不得不「公開道歉」！

董事會三天內做出決議：傅經理於六月底離職；唐太后的校長職務至七月底。

一場校園「改革變法」運動，已響起輓歌！

夏山學校，過去先輩們辛苦打拼累積的口碑、實力，現階段面臨了重要考驗，改革無罪，但是應該以學校、學生、老師為最重要考量，如果操之過急，或者只為成就個人績效，那麼，「改革」顯然「失真」、「失焦」了！

不僅老師爆離職潮，新生、在校生亦然，或轉或離！

已經完成「報到」的國一新生，逐漸開始有家長申請轉出！

正值高一新生招收期，小夏山直升同學紛紛要求退件；外校新生更是舉棋不定，一〇六學年度高一新生幾乎有三分之一缺額未補齊！許多班級以三十人不到做收！

董事會緊急尋人，期望覓得優秀教育領導者蒞校擔任夏山舵手！

經過近半個月努力，夏山新任校長確定人選了！他是桃園市第一志願冬陽高中的退休校長鈕承德，學經歷一路「亮」到底，他曾為冬陽高中創下許多紀錄，包括曾培養出三個大學指考的全國榜首，十五位學測滿級分（僅次於建中、北一女），還有一年則是該校共二五五位同學獲七十級分以上好成績。

但願這位深受各界肯定的教育界傳奇人物，可以為夏山「『扭』轉乾坤」！

第七章

極光

繪者呂姿萱

「鈕」轉乾坤

鈕校長的確非常積極、認真！

七月中旬雖尚未正式上任，已經開始每天到校瞭解校務！

唐穎校長則七月份申請休假，並申請留職停薪一年！

一個辦理休假、留職停薪，提前離開；一個則是提前到校，著手校務，夏山新舊任校長就此「無言」又「虛擬」地交接了！

自此，夏山展開另一頁的新生命！

鈕校長的另一個特色是「能言善寫」。他的媒體人脈資源豐富，加上本身是國文老師出身，七月中旬當他確定接聘，便撰寫新聞稿傳發媒體記者，為了讓招生圓滿，文中特別強調「一切風雨都過去了，未來將是一片光明，希望家長與學生對夏山有信心！」

至於面對大勢所趨的少子化，鈕校長也對著記者侃侃而談：「學校的生存環境是險峻的，尤其是私校更是如此，將來學校之間勢必競爭更激烈，如果不能與時俱進，隨時調整，將有被淘汰之虞。不如轉換心態，用樂觀且正向的觀點面對，學校之間雖有競爭，但彼此仍是好朋友，共同為教育盡力的初衷與目標不該改變與放棄，希望大家一起努力，共同為桃園教育盡一份心力，創造多贏的局面。」

果然是「老江湖」！

自行撰寫新聞稿，邀約記者到校聯訪，猶如召開一場「到任」記者會！

身為校刊主編的如晞休假中被人事室的黃河主任召回學校幫忙拍照與側訪，鈕校長忙著「受訪」，還有跟記者朋友們敘舊，根本來不及認識夏山的一級主管及如晞。

全校師生包括董事會的鍾總、家長們，都對鈕承德校長寄予厚望，而他在冬陽高中所創下的奇蹟，是否能夠在夏山複製，大家拭目以待！

果然，七月下旬起，透過各項活動與會議，鈕承德校長端出為數可觀的大小議題，要求各處室、各科領域具體討論並上呈會議記錄，須有明確方針，不可模糊籠統！從教務處出身的鈕校長尤其對於ＰＬＣ（教師專業學習社群Professional Learning Community，簡稱ＰＬＣ）特別重視，要求各科均須有ＰＬＣ組織，且具體經營與發展，加上紛擾多年的一〇七多元選修、一〇八新課綱即將上路，教務處教學組、各科主任全部上緊發條，枕戈待命。

不僅教務處，全校各處室皆然。

對於圖書館，新校長亦提出許多改革構想，靈感大多移植自冬陽高中！例如：

一、推行「閱讀認證」制度：設計閱讀認證卡，規劃「百大推薦書」由各科提報，學生每年至少閱讀五－十本書籍，且須經過老師認證。

二、書展：展示之書籍需經過篩選，必須對學生有益、能提升深度、廣度，且排除時下學生最愛的輕小說。

三、知識大賽：夏山以往以生活趣味或小常識為主軸，鈕校長建議參考冬陽高中的「武林大賽」模式，例如ＰＫ金庸小說人物。

四、家長讀書會：用意在於鼓勵家長「與孩子一起讀書、一起成長」，有鑑於冬陽高中的家長讀書會已具有百人以上規模的成功經驗，堅持晚間辦理方便上班族家長參加。

五、家長圖書志工：鼓勵家長走入學校，參與學校活動。

而對於校刊，無論是月刊、畢業年刊等，鈕校長以過去曾經編輯過校刊的經驗為例，亦是大刀闊斧，顛覆已經行之數十年的結構，重新規劃能凸顯夏山各科特色主題與榮譽榜。

此外，因為他個人的媒體人脈，舉凡學校特殊活動、榮譽事蹟等，均由主編（或副編）撰寫新聞稿後，經過校長檢視與潤稿後，再由校長傳發給記者。開學以來，應該說自從鈕校長到任以來，如晞不斷地在撰寫新聞稿；不斷地參與記者會；不斷地協助現場拍照以提供未能到場記者活動照片。還好，如晞有一位「副主編」白晨薇老師，可以協助與支援國中部的報導。

美麗卻帶刺！

夏山每一次「改朝換代」，都是風起雲湧，百家爭鳴！

每一位新校長上任之際，尤其是「空降校長」，因為不熟悉學校生態，有時「強龍壓到地頭蛇」，往往容易踢到鐵板；通常也會有人「毛遂自薦」或「輸誠」，先暢言個人對校務的瞭解及遠景，也願意協助新校長改革與治校；另有因為未被前任校長重用，或者被壓抑，或者「懷才不遇」，所以希望在新主事者面前能夠重新一展長才，發光發亮。

如晞的「副主編」白晨薇老師，即屬於後者。

她兼具美貌與內涵，人如其名，猶如清晨裡一朵白薔薇，吐露芬芳，美麗的臉龐加上時尚的裝扮，的確在校園裡獨樹一格。

她是位認真、積極、自負、自我要求很高的老師，唯一缺點就是「帶刺」，性子剛烈且主觀，因此，當年她在唐穎手下擔任國中部註冊組長之後，便無緣再接行政。而當了幾年導師，又常因細故與學生或家長發生爭執或衝突，便一直停留在「專任老師」階段，直到唐太后當時苦無副編人選，而如晞建議的方禎雅老師又被派任教學組長，僅剩白晨薇是既非行政，又非導師的國中部國文老師了。

第一年的副編任務，其間也遇到過意見相左的時候，白晨薇總以高傲又冷漠的態度相應，而比較讓人難以忍受的是，她會以郵件或面奏的方式提報長官，投訴如晞的缺失，央請校長裁示。才華洋溢的她，似乎有著「瑜亮心結」，總認為自己的光芒被如晞遮蓋，大家只看到主編、只注意到如晞的表現，而她的付出總是被埋沒。還好唐太后當年在輔導室處理過好幾次白晨薇班上的狀況，非常瞭解白晨薇求表現、主觀、「與人爭鋒」的個性，所以總以「依據主編行事」裁示總結。

但是，第二年，當「空降」的鈕承德校長降臨，因處理方式大不同，於是……失控了！

白晨薇首先對於主副編的分工「發難」，計較主編發派給她的除了國中部活動，還有支援部分全校活動報導。

白晨薇：「『副編』微薄的津貼與『圖書組長』加上『主編』大不同，何以要擔負全校活報導？」

如晞回答：「圖書組長只有支領一份行政加給，沒有領主編津貼，晨薇老師的津貼已經比過去擔任副編的老師每月多了二千元，其主要原因就是協助業務繁忙的圖書組長（兼主編），支援報導全校性活動，過去其他老師擔任副編時，也是如此，而這些都在去年你到任時說明過了，責任分工明細你也都看過！」

白晨薇：「照您這樣說，那我可以陪同您一起去找長官，讓長官知道您沒有支薪的狀況下，還要負責高中部的業務太辛苦了！對您太苛刻了！這太不應該了！」她非常不客氣且帶酸味地發「賴」表示。

每天「賴」不完，諸如此類的情緒話語，灌爆如晞的手機！

如晞每天疲於奔命在圖書組長、校刊主編、大樓管理員的三個角色間，有時根本無法即時料理晨薇的情緒。

於是白晨薇開始全面性的攻擊行動。

第一波：每月固定給報紙刊登的專欄，由晨薇負責的國中部稿件，她未先提報主編檢視，便自行傳發給報社做後製排版，信件收件人同時包括校長、學務、教務主任、國中部主任、如晞主編、報社美編。而令人難堪的是信件中的文字，經常是百言、千言書，述說自己多麼辛苦與用心，計較主編發派很多工作給她，並呈報自己完成的篇數、字數，強調個人的高效率與高品質，以及對校刊的見解與期許等。

文字中可以讀出她對如晞的「漠視」，許多事情直接跳過「主編」，面對學務主任及校長，認為自己也是可以「獨當一面」的，應該受到重視與禮遇，隱晦呈現出自己的才華與能力不亞於主編如晞。

第二波：不僅「垂直」面的信件投訴，還有「平行」面的攻勢。在國中部詹森主任面前，闡述如何加強國中部的文宣，包裝各項校園活動等；而在國中部國文科中杯葛與圖書館有關的閱讀活動；同仁間從老師到幹事，投訴如晞的分工不均……，以口頭、臉書、賴等各種型態羅織如晞種種缺失與不是。

學校，就是社會的小縮影！

尤其夏山，八卦特多，繪聲繪影！

白晨薇對如晞的種種控訴，自然會有人「截圖」、「轉寄」給如晞，並提醒她小心這些流言的中傷。

如晞曾經向鈕校長提出自己的困擾，這位新校長可能真的不瞭解大家，僅淡淡的說「副編老師若有問題可以直接來找校長談」。

這樣的答覆與「冷」處理，事情當然不會「止血」，只會越演越烈。

急流勇退？

十一月初，如晞提出「校刊主編辭呈」。

這實在違背她個人的工作態度，即使過去在輔導室，那麼大的困境都熬過了，何以這次無法咬著牙「忍」下去？

十年前，鐵仁雄校長、唐穎主任，都願意站出來，以「長官」的高度，協助「輔導主任」解決人事紛爭，他們願意也有責任「力挺」坐在「居於領導」位置的人。而今不然，鈕校長不願做「壞人」，未做任何處理，任由烽火燃燒，也許認為就是二個女老師內鬥，反正事情有人做就好了。

面對辭呈，當校長都未下達指令，沒有指派任何一位一級主管協助居中處理，人事？教務？學務？等不到校長的指示，代表校長沒有意見，也無意處理，大家便匆匆「蓋章」過關，這份辭呈直到十二月初，校長蓋章通過了。

起因在於有一位高中部國文老師張慧慧隔年一月起將會課務不足（因為學生問題處理不當而被抽課），所以校長指示將白晨薇扶正為主編，張慧慧為副主編，處理期間，鈕校長沒有給如晞任何的說明、關切或者隻字片語，便結束了如晞在夏山十餘年的「主編」生涯。

初步交接後，白晨薇立即要求電腦中心將如晞存取校刊資料的「雲端權限」移除並加入新任副編；即使還在十二月的交接期間，校方也明文規定職務交接期為前後一個月；即使如晞還掛主編身份；即使她隔年一月才正式走馬上任，白晨薇依然堅持要求學校刪除原主編如晞的權限，強烈的攻勢，明眼人皆知，唯校長無感。

白晨薇先前對於如晞主編完全「漠視」，而如今自己當家，對於她的副編張慧慧老師，亦未加以指導，只跟慧慧說「你有問題就去問如晞組長，反正你們高中部的業務就自行交接清楚。日後你的稿件都必須先給我看過跟審視，字數、照片、篇幅、版面等都由我作主，請不要動不動就去勞煩長官，『越級報告』，讓人家看笑話，覺得我們不合……！」

還處於「實習」階段的張慧慧，尚未正式接手「校刊」，對於編輯校刊完全沒有概念，著實被白晨薇下足馬威，不明就裡之餘，只好轉述這段話給如晞，請教編輯大小事。

「果然是換一個位置換一個腦袋，白晨薇下馬威的內容，都是過去她曾經侵犯的！」如晞心中不禁感嘆！

「此一時，彼一時啊！」

「實習」半個月副編後，慧慧實在受不了主編交辦事情從不當面說，而是用「電郵信件」交辦事情，動不動就是百言、千言書，而且收件人還有校長、學務、教務等長官。信件中除交辦事情與完成日，言語之間透露慧慧的工作不力及對她的輕蔑。

慧慧在上任前，「實習」最後一天求見校長，說明自己無法勝任也無法與主編白晨薇共事！

這件事，讓鈕校長再次驚動一級主管召開會議。這一次學務、教務終於發言了，指出白晨薇過去「與人爭鋒」的種種紀錄。

「你們為什麼先前都不說？」校長問。

「當副編不願屈居人之下，當主編又無法提攜新人，當導師、當行政都無法勝任，這些為何不早點告訴我？」鈕校長有些動怒了！

事過境遷之後，有次閒聊時，學務主任跟如晞說「我們幾個主任當時其實都還擔心著校刊怎麼辦，不過這位鈕校長倒也胸有成竹，可能是因為他自己編過校刊，他總是說『校刊很簡單，根本就沒有什麼啦，誰都可以做，放心啦！真的不行，我自己當主編也行』，他都這樣說了，我們還能說什麼？」

這段話其實讓如晞聽來頗為刺耳，也覺感傷！

在夏山超過二十年了，雖然歷經好幾位不同風格的校長，但是歷任校長對於如晞都很肯定。從最早期的劉校長、張可為、羅才子、鐵仁雄、歐陽如來、唐穎等，他們深知如晞的工作態度，十足的信任，給了她很大的工作舞台盡情揮灑，也從未干涉。即使他們因為不同的因素離開夏山，毀譽相參，但是在擔任校長任內，他們都曾經竭盡心力為夏山打下一寸又一寸的江山與口碑，他們正像是如晞生命中的伯樂，給予她機會馳騁於千里之間。

如晞絕對相信，學校裡比她優秀又有才華的人才比比皆是，也許，自己真的比較幸運，能有機會發揮所長，如今，這位鈕校長，也許是初來乍到；也許是鍾總給與他的極大財務壓力，他幾乎將八成以上的心力投注在招生與升學業務；也許校刊或圖書館真的不是學校「第一線」；也許他自己做過校刊……，至少可以確定的是，過去的「夏山青年神話」，已經被鈕校長從「神壇」貶謫為「路人甲乙」，人人皆可為之；被過去歷任校長視為「Somebody」的如晞主編，如今僅是「Nobody」路人甲乙！

校園裡白晨薇依舊到處放送如晞做校刊的種種缺失與不到位，如晞感覺自己清白一生，今日卻被屢屢背後插刀，沒有任何主管為此出聲！

如晞不清楚鈕校長到底聽信多少白晨薇不實的投訴，至少，無論是公開或私下的場合，她從未聽過校長的一句公道話！

面對一個「不懂自己」的校長，當人人皆可為主編，當孫如晞與白晨薇沒什麼「不一樣」時，也許真的到了該「急流勇退」的時候了！

「如晞，辦退休吧！不要再讓自己被這些流言羈絆，生命不應該是這樣的！」偉易再次提起退休建議。

不是放棄，而是選擇幸福！

過去一年唐太后跟傅經理在任時，偉易也曾經提過退休離開，如晞也開始在竹北地區物色新屋，並嘗試出售中壢華廈大坪數住家。

也許，「時候」真的到了！

冥冥之中，老天爺自然會幫你安排！

出現了如晞非常心動的房子！

如晞很喜歡位於竹北附近的重劃區，一個新興的重劃區，空氣乾淨無污染，夜晚星空燦爛。此處挾著竹科新貴的遷居需求，建商推出大批建案。如晞挑選了先進「太陽能屋」，四層樓、雙車位、有電梯，而屋頂的太陽能板「產電」量，足以支付房子的水電瓦斯、電梯保養及稅務開銷，建商共推出十五戶，現僅剩三戶，左右鄰居大多來自竹科的「新移民」，聽他們的口碑「我們有好幾位鄰居找人來看風水，都說這個區段是整個重劃區最地靈人傑的地段，財運、家運興旺」，雖然自己並不迷信，不過環境與房子的確讓如晞非常心動，而另一個誘因是，距離偉易老家很近，日後若真搬遷，與孩子間彼此都有照應又能保有個人的生活空間。

憑著這份「直覺」與未來的「憧憬」，即使中壢房子尚未出售，如晞還是決定簽約買屋了！出盡存摺裡所有的積蓄，解除所有未到期的定存，勉強應付了頭期款，接下來的裝潢、家具樣樣都是大量「燒錢」！

為了給自己一個高優品質的未來生活，如晞又找了當年的室內設計師Teresa操刀，這段時光，如晞每週來回奔波新竹、桃園、台北間，很忙，但很充實，看著新房子的裝潢與品味，隨著工程進度逐漸呈現，即使花了不少設計費都感到值得！

買下「太陽能屋」雖然讓自己捉襟見肘，但是如晞期望給自己一個「新的開始」，另方面則是「斷絕雜念與後路」，畢竟每天的舟車勞苦將會協助如晞斬斷這份長達二十餘年的夏山之情，拋下情感的束縛，「義無反顧」的離開。

無獨有偶，中壢的房子也出現買家！

這位張小姐為求慎重，也找了風水師父看座向，又是個好風好水的住家環境，在一個漂亮的價格下，如晞賣掉了陪伴她八年的房子，也為自己在桃園的落腳歲月斷根。

長達半年的新舊屋買賣期間，如晞終於有了足夠的資金結清了所有的房貸，而且開心、順利遷入新居，三月底正式成為新竹人，也開啟了每天來回八十公里的「飛車」生活。剩下的，就是提報退休了！

四月初提報送件出去。

只有人事室黃河主任為她惋惜，鈕校長禮貌性找了如晞，除了感覺如晞實在太年輕就提退休，談的無非是未來生涯規劃、再好好考慮等，對於何以「提早退休」，或者工作上是否有困境瓶頸、校長可以協助處理等卻隻字未提！

聽說黃河主任有提醒鈕校長「走了一個『資深』老師，一年可以幫學校省一百多萬的人事費用」，於是，一場原本預期可能上演「慰留」的感傷戲碼，完全未登場！

一切都非常順利，除了鈕校長的慰留外，只有同事間的不捨與無奈，畢竟，今日處「後段班」的夏山與當年那意氣風發的夏山，不可同日而語！

尤其，如晞編輯過五十、六十周年創校特刊，對於夏山今日的世態炎涼，感觸尤其刻骨銘心！

「如晞，真的要走嗎？」小嵐問。

「過去那麼多的風雨困境，我們都能挺過，即使去年的唐太后、傅經理，如晞都能挺過，而今紛擾的人事糾葛逐漸平靜下來，校刊業務也已經分流出去，何以不留下來一起打拼呢？雖然校長處理校刊主編的事讓我很失望，大家都為你叫屈，不過，工作不就是這樣嗎？本來就無法盡如人意！何況，我們的年資都已經『到頂』了，每個月接近六位數的薪水，在現今台灣社會，算是不錯的待遇了！」小嵐為如晞感到可惜，也嘗試勸如晞打消退休念頭。

「小嵐謝謝你挽留我，你是我在夏山第一個認識與深交的同事與朋友。我希望自己離開的身影是『美麗』的，在自己最佳的時刻『下台』離開，留下的是『美麗的倩影』，趁自己體力還行，用我的雙腳行遍天下，用我的雙眼看盡世界，實現我年少時的『作家』夢想，莫到終老真的做不動了，被學生、家長、學校質疑，我不希望自己的退休人生就是人生「盡頭」。」如晞沈思後回答小嵐。

「我懂了！如晞已經很清楚未來的人生規劃，祝你幸福！我相信，離開夏山，你將會有不一樣的生命，而我們這些留下來繼續打拼的人，也不見得會比較快樂！」小嵐獻上深深祝福。

「小嵐，我不是『放棄』，而是『選擇幸福』，謝謝妳這麼多年的陪伴」。如晞為自己的決定下了總結。

「轉生術」功敗垂成！

五月，隨著如晞退休定案，還有幾位老師將轉任其他學校，鈕承德校長及主管們得物色新的接班人選。

「如晞組長是否有推薦人選？」鈕校長問。

如晞國、高中部各提報一位畢業班的國文老師，也分析二位老師的專長與優劣，如晞心中吶喊著「誰接班都可以，但是千萬不要是白晨薇，否則又會有另一波攻擊行動！」

「報告校長，如果我們將範圍鎖定在國文老師、畢業班導師，那麼，我建議普高三的石文琦老師，她在帶領小論文及跨校網路讀書心得方面都做得非常好，至於國三的田心璇老師，她過去曾經擔任二年的校刊副編，我們也曾經一起到政大修圖書館學分。」

六月，未來新學年度的行政團隊名單公布了！

圖書組長由田心璇老師接任，而另一位如晞建議的石文琦老師則接任普通科主任！

還有，朱湘文接任輔導主任！輾轉十年，「輔導主任」終究是屬於她的！

「還好不是白晨薇！」下班後如晞與教學組的方禎雅老師閒聊著。

「我看白晨薇這回應該是『下課』了！」禎雅組長說。

「為什麼？」如晞不解地問。

「有許多次校長約記者來學校採訪，科主任們或者詹森主任也提報須要校刊主編協助報導，我也都幫白晨薇調課了，但是她的名字最後都被校長刪掉，感覺上校長寧願自己來，也不想找她幫忙！」禎雅站在教學組立場說了她所瞭解的狀況。

「我就說嘛，校長最愛的還是如晞！」此時詹森也湊過來一起閒聊。

話才說完的第二天，如晞被鈕校長呼喚至校長室，才進門，所有一級主管都在場！

「發生什麼事了？」如晞心中納悶著！

「如晞組長，請問關於校刊社歷年來的資料你手邊還有嗎？」鈕校長問。

「報告校長，校刊社有一台電腦，裡面有歷年來的年刊、月刊、五十、六十創校特刊的文章、照片以及所有的美編後完稿都在，因為我習慣用自己的筆電做事，所以四年前這台電腦就給當時的副編田心璇老師使用，而二年前交接給白晨薇老師的時候，東西都留存在電腦裡，此外我每年都會將該年度的稿件整理好，上傳『校刊雲端資料夾』。而我個人的筆電因為去年十二月底已經卸任主編，所以除了這學期的活動我手邊沒有外，其他的應該我的隨身硬碟都還能找得到，我有備份！」

原來，白晨薇將電腦內歷年來的資料全部刪除了！

她認為既然雲端已經都有備份，為了讓電腦速度加快，所以她清除掉所有檔案，也包括這學期她完成的月刊，只可惜，人算不如天算，「雲端」掛了！夏山校刊的資料蕩然無存！

白晨薇先發制人，向校長報告電腦中心工作效率不彰，雲端掛了卻久久無法修復，讓電腦中心活生生被校長刮一頓！

「如晞，可以麻煩你將歷年檔案重新整理備份好嗎？等雲端修復好，重新上傳雲端，重新再備份在電腦裡！」校長說。

「好的，我盡力，但是這學期的部分可能就沒辦法很完整了，唯一可以做的就是我先到美編的FTP後台將這學期的稿件抓下來重建！」如晞爽快答應幫忙！

回辦公室後，如晞很快地就完成校長交辦的任務！

「如晞組長真的非常謝謝你的幫忙！」電話回報校長後，鈕校長難得溫暖說話。

「不用客氣！剛好幫得上忙！我把資料都先存放在圖書館的電腦，也留了備份給新任的田心璇老師！」如晞客套回答。

畢竟，在這位校長身上很少有溫暖的話語，至少，如晞很少聽到，也感覺鈕校長真的大大不同於歷任校長，來到夏山快一年了，他始終與大家保持某種程度的距離，身邊並沒有比較親信的部屬，就是大家口中的「紅人」，也許，鈕校長有鑑於夏山過往校長的遭遇，所以他經常強調校園裡只有「夏山派」，沒有其他！

然而，選擇獨自走自己的路，身邊少了扶持及可信賴的部屬，難免孤獨寂寞，也難融入真正的夏山文化，言語之間總不斷提及「當年勇」，移植太多冬陽高中的複製品，並不一定「水土相符」，要努力克服、征服的課題還有很多！

六月中旬，新學年度新生班級導師名單也公布了！

上面依舊沒有白晨薇的名字！這讓她頗為失落！因為她早已向學務主任表明自己帶班的意願。只見她又在辦公室間遊走，訴說著學校對她的不公，出眾的臉龐有著淡淡的哀怨，與先前控訴如晞時的意氣風發模樣大不相同！

美麗的公主難免任性、野蠻，當公主失意難過時，身旁的王子、隨扈是否都應該要逆來順受？

有一位訓育組資深幹事小姐，一路上聽了不少白晨薇的抱怨及對如晞的控訴，終於忍不住直說了！

「晨薇老師，你應該省思的是自己，而不是一直在抱怨別人！」

「……，我知道了！」白晨薇一時楞住了，失望地隨口應付幹事小姐。

也許是繼續主編的任務吧！

第三波名單公布了！校刊主編也不是白晨薇！

新學年度，她就是「專任老師」，不是圖書組長、不是主編、不是導師。

積極努力向上，渴望受到重用，渴望被長官關切青睞，這些都無可厚非！

但是，如果是一條踩踏別人所殺出的血路，就過於刻意了，大家都看得出來！

水到渠成

六月下旬，是如晞開始收拾「書包」的時刻！

累積二十多年的記憶，講義、參考書、歷屆考題、文具、書架等，花了不少時間整理，要丟棄嗎？或者日後還有機會教書呢？

不少老師建議如晞回來兼課，包括校長、教務主任也說過，畢竟是客套話！

然後，忙著與心璇交接，整理好交接清冊！

七月初，如晞請了十天的特休假，這是過去她從未使用過的「福利」，離別前，既然無法「折現」，就休假去吧！

這回他與偉易到英國旅遊度假，從倫敦飛回桃園的飛機上，偉易說「這次回台灣，你不會再忽然被派任到哪個陌生的單位吧？」

「不會了！都已經要走人了，還能到哪裡？」如晞說。

去年底的白晨薇事件，歲末卸任校刊主編；三月的賣屋買屋；四月提報退休；校方節省人事經費樂見資深老師提退；鈕校長的「人人皆可為主編之說」等等，當所有的元素湊合在一起時，便是「水到渠成」的時候了！

長達十六小時的飛行航程，如晞無法平靜地矇上眼罩睡覺或者看電影，往事歷歷，回首夏山種種，頗有「六朝如夢鳥空啼」之嘆！

如晞想起韋莊的金陵圖「江雨霏霏江草齊，六朝如夢鳥空啼。無情最是臺城柳，依舊煙籠十里堤。」

那曾經綠意盎然、朝氣蓬勃的夏山，正如詩中的「江雨霏霏江草齊」，不僅是孩子，也是老師的快樂天堂；然而遷校後幾次人事更迭，每一次都是驚濤駭浪，大環境的翻轉，讓私校招生與經營更加艱鉅，也許該慶幸，沒有經濟上的後顧之憂，得以急流勇退，選擇「做自己」；也許該慶幸，生命中得以有機會當「老師」，這麼一個誘人又磨人的工作。

想想圖書館可愛的小志工、高三畢業的孩子們，如晞笑了，拿起I PAD紀錄下此刻心情：

> 在夏山，有哭、有笑，有可愛的學生、可敬的長官、可人的同事，當然，也有爆炸的工作量與壓力。低潮時，只要走進教室，看看孩子們有時體貼、有時搞笑、有時胡鬧、有時也令人憤怒，總能讓自己再度打起精神繼續奮鬥，這大概就是「教書」的魔力吧！原來，孩子就是我生命中的貴人！多麼幸運能夠成為「老師」！

有位離職的老師這麼說過「教師職涯的完整經歷是專任、導師、行政，當你集滿三項，『教師經歷拼圖』才算完整」。

願，我最愛的夏山，依舊綠意盎然，朝氣蓬勃！

「教師經歷拼圖」真的很有道理，不過對如晞而言，都過二十六年了，依舊少一塊！

罷了！留下一些「小遺憾」，也許日後還有機會補上！

不帶走一片雲彩

七月下旬回台後，銷假上班，一切都準備好了，倒數計時！

七月三十一日，如晞在夏山最後一天的上班日，清早做好最後的整理，她把大部分的參考書送給了學生，路過校長室，手上還抱著一堆參考書，剛好鈕校長開門送走教務處洪長彥主任與國中部詹森主任，如晞剛好趁此機會跟校長道別！

「校長好，今天是我最後一天在夏山上班，剛好碰到您，就此跟您道別了！」如晞站在門外說著。

「我還是要數落如晞一番，你看你年紀輕輕就要退休，多麼可惜！」校長站在門內說話，實際上校長的確在很多次公開或私下場合說過「如晞退休太年輕了」。

「報告校長，如果我早知道可以跟您討論『下行政』或者『留職停薪』的話，我就不會選擇退休這條路了！」如晞在四月提退休後，陸續有機電科主任考上其他私校，經校長慰留後而下行政去帶班，也有老師因須要照顧長輩申請留職停薪，鈕校長都准許了！這些訊息的確曾經讓如晞感覺很嘔、很掙扎！

「你當初又不跟我提？」鈕校長有些錯愕。

「報告校長，在過去傅經理、唐校長的時代，這些是絕對不容許的，連離職前二週都不准請假。我也曾經想過『下行政』，後來想想還是不要為難您了，在『准』與『不准』之間，八卦流言必然已經滿天飛了，我也不想被視為『拿翹』，而令你左右為難！何況，少了一個資深老師可以減少百萬以上的財務負擔，這些我相信黃河主任必然會跟您提報！」

「校長，有件事我想特別跟您說明！」如晞鼓起勇氣打算說出這段時間的苦悶。

「如晞請說！」

「我不是一個會自我包裝，或者善於『自我行銷』的人，我只會傻傻地悶著頭做事，吃再多的苦，別人也不一定會知道。校長應該記憶猶新，過去的副編、現在的主編白晨薇老師，她經常三天兩頭寄信給您、我還有主任們，敘述她自己做了多少事，說我派任工作不公等，我一直沒有針對這些信回應，我沒有『回應』，不代表我偷懶，沒有在做事，也不代表她說的都是事實，我所做的事、所擔負的責任絕對是她的一倍、二倍以上。我知道她到處控訴批評我，甚至在新任的會計主任面前，控訴去年我稿費帳務不清等，想想去年是傅經理當家管帳，怎麼可能會帳務不清，我不想見人就解釋，因為只會越描越黑，也讓人覺得可笑，國文老師內鬥嚴重。她從來不與我對話或詢問，遇到看不懂或者不清楚的事，就以自己的觀點定義了結，這半年來，的確有太多『不美麗』的事情，而且烽火越燒越旺，甚至失控，讓我鼓起勇氣做出『離開』的決定，我覺得自己一定要暫時離開這個職場，讓心靈沈澱下來，好好思索未來，生命，不應該羈絆在這些『無中生有』的指控裡！」一如晞一氣呵成說出容忍多時的情緒。

鈕校長頻頻點頭之餘，接下如晞的話說下去「我知道，我都明白，所以我在新學年度的人事安排上，完全沒有再排白晨薇了，『行政』本來就是輪替，也是一個Team Work，沒有永遠的××主任、××組長，想做行政，卻又無法與人共事；對上，不服主編；對下，不指導副編；連自己業務範圍內的檔案資料都動手刪除，這樣的人我能放心嗎？」

「所以，當我看到新學年度人事名單時，我相信，校長您已經了然於心！而我，也無須再多加解釋了！」如晞總結談話。

「未來，如晞願意回來學校幫忙上課嗎？」鈕校長問。

「好的，我願意！謝謝校長的照顧，校長您也加油！」

走出校長室，如晞感覺「如釋重負」，積壓在心中的大石，終於可以一吐為快！

這一幕曾經在她腦海中預演過無數次，但自己始終無法鼓起勇氣去面對，一方面對於這位只處理「事」，不處理「人」的校長，實在沒有把握他是否會耐心地聽完，或者有時間聽完，今天，即使是在最後一天，能有機會在校長室門口相遇，能有機會說出來，總算沒有遺憾，否則，如晞真會抱憾終生！

想起一年多前，自己也是這樣「一吐為快」的心情走出校長室，當時是跟唐穎校長談到減薪與刪除臉友的事，二位校長相較之下，唐太后還是疼愛如晞的，雖然她非常嚴厲，罵人口無遮攔，但是畢竟她是賞識與信任如晞的。

回到辦公室，如晞趕緊坐在筆電前，趁著自己的情緒還在沸騰，急速打字寫下自己對唐穎的感謝：

唐穎校長好：

如晞在夏山已滿二十六年，您是最瞭解我的長官；在夏山，您是我的伯樂。雖然我不聰明（也非千里馬），但是您深知我的工作態度與堅持，給予我很大的工作舞台與信任，讓我盡情揮灑；這份知遇與深情，已勝過千言萬語，已足夠！對您，我心中有無限感謝！

在此，先跟您「道別」，更重要的是「道謝」！

「復出」之路必然不輕鬆，未來，我們都加油吧！祝您順心、健康！

而次日，八月一日，就是唐穎回歸夏山復職上班的日子，二人終究無法再相見！

如晞沒有勇氣「賴」出去，也擔心自己太過於衝動！

去找詹森商量吧！

這是一位過去一起並肩作戰，同甘共苦的工作夥伴，也是唐太后時代最紅的「三弟」，一哥為傅經理、二姐是唐太后、詹森是三弟，如此排序除了年齡外，也來自辦公室的樓層。

「詹森，你覺得呢？」如晞問。

「我覺得可以發，畢竟她的確對我們不薄！」詹森想了想。

「詹森主任，我把這段話託付給你，請在『對』的時候，或者唐穎『需要能量』的時候發給她！夏山未來如何發展，太后復出之路會如何，我們都不知道，如果沒有適當的機會，就不要發送出去了，這件事沒有時間表，也不一定要發出去，詹森不需要有壓力，一切順其自然，隨緣就好！」如晞交代了她在夏山的最後一件事。

一六：三〇下班鐘聲響起！

收拾行囊，踏上圖書館外的林蔭紅磚道，多麼熟悉的路徑，再回眸深望夏山圖書館，如晞告別夏山，不帶走一片雲彩！

二十六年前，孫如晞二十六歲，偶然間浪遊夏山學堂！

二十六年後，孫如晞五十二歲了，年資夠了，年紀不到，選擇離開這座「極品學堂」！

夏山太多的生命故事，說不盡、道不完！

而小孫老師夏山「晞」遊的故事，今天就說到這兒！夏山之後，下一段生命「晞」遊記，正等待她去探索體驗！

計時開始！

二〇一八年九月四日

浪遊極品學堂：
小孫老師
「晞」遊記

啟思路12　PE0163

浪遊極品學堂：

小孫老師「晞」遊記

作　　者	潔西卡
責任編輯	杜國維
圖文排版	楊家齊
封面設計	宮邦豪
封面完稿	楊廣榕

出版策劃	釀出版
製作發行	秀威資訊科技股份有限公司 114 台北市內湖區瑞光路76巷65號1樓 電話：+886-2-2796-3638　傳真：+886-2-2796-1377 服務信箱：service@showwe.com.tw http://www.showwe.com.tw
郵政劃撥	19563868　戶名：秀威資訊科技股份有限公司
展售門市	國家書店【松江門市】 104 台北市中山區松江路209號1樓 電話：+886-2-2518-0207　傳真：+886-2-2518-0778
網路訂購	秀威網路書店：https://store.showwe.tw 國家網路書店：https://www.govbooks.com.tw
法律顧問	毛國樑　律師
總 經 銷	聯合發行股份有限公司 231新北市新店區寶橋路235巷6弄6號4F 電話：+886-2-2917-8022　傳真：+886-2-2915-6275

出版日期	2019年2月　BOD一版
定　　價	380元

版權所有・翻印必究（本書如有缺頁、破損或裝訂錯誤，請寄回更換）
Copyright © 2019 by Showwe Information Co., Ltd.
All Rights Reserved

Printed in Taiwan

國家圖書館出版品預行編目

浪遊極品學堂：小孫老師「晞」遊記 / 潔西卡著.
-- 一版. -- 臺北市：釀出版, 2019.02
面； 公分. -- (啟思路；12)
BOD版
ISBN 978-986-445-310-8(平裝)

1. 教育 2. 文集

520.7 107022733

讀者回函卡

感謝您購買本書，為提升服務品質，請填妥以下資料，將讀者回函卡直接寄回或傳真本公司，收到您的寶貴意見後，我們會收藏記錄及檢討，謝謝！

如您需要了解本公司最新出版書目、購書優惠或企劃活動，歡迎您上網查詢或下載相關資料：http:// www.showwe.com.tw

您購買的書名：＿＿＿＿＿＿＿＿＿＿＿＿＿＿＿＿＿＿＿＿

出生日期：＿＿＿＿年＿＿＿＿月＿＿＿＿日

學歷：□高中（含）以下　□大專　□研究所（含）以上

職業：□製造業　□金融業　□資訊業　□軍警　□傳播業　□自由業

□服務業　□公務員　□教職　□學生　□家管　□其它＿＿＿

購書地點：□網路書店　□實體書店　□書展　□郵購　□贈閱　□其他

您從何得知本書的消息？

□網路書店　□實體書店　□網路搜尋　□電子報　□書訊　□雜誌

□傳播媒體　□親友推薦　□網站推薦　□部落格　□其他＿＿＿＿＿

您對本書的評價：（請填代號　1.非常滿意　2.滿意　3.尚可　4.再改進）

封面設計＿＿　版面編排＿＿　內容＿＿　文／譯筆＿＿　價格＿＿

讀完書後您覺得：

□很有收穫　□有收穫　□收穫不多　□沒收穫

對我們的建議：＿＿＿＿＿＿＿＿＿＿＿＿＿＿＿＿＿＿＿＿

請貼
郵票

11466
台北市内湖區瑞光路 76 巷 65 號 1 樓

秀威資訊科技股份有限公司　　收

BOD 數位出版事業部

（請沿線對折寄回，謝謝！）

姓　名：＿＿＿＿＿＿＿＿　年齡：＿＿＿＿　性別：□女　□男

郵遞區號：□□□□□

地　址：＿＿＿＿＿＿＿＿＿＿＿＿＿＿＿＿

聯絡電話：(日)＿＿＿＿＿＿＿＿（夜）＿＿＿＿＿＿＿＿

E-mail：＿＿＿＿＿＿＿＿＿＿＿＿＿＿＿＿